위기를 성공으로 이끄는 힘

온몸으로
부딪쳐라

위기를 성공으로 이끄는 힘
온몸으로 부딪쳐라

초판 3쇄 2007년 4월 5일

지은이 | 이명박

발행인 | 양원석
편집인 | 김기중
편집장 | 유영준
기획 | 신성식
교정·교열 | 김미희
북 디자인 | 디자인붐
인쇄 | (주)대명피엔씨

펴낸곳 | 랜덤하우스코리아(주)
주소 | 서울특별시 강남구 삼성동 오크우드호텔 별관 B2
편집문의 | 02-3466-8887
구입문의 | 02-3466-8955
홈페이지 | www.randombooks.co.kr

등록 | 2004년 1월 15일 제2-3726호
값 | 12,000원
ISBN 978-89-255-0573-2 (03040)

· 위기를 성공으로 이끄는 힘 ·

온 몸으로
부딪쳐라

이명박 · www.mbplaza.net

랜덤하우스

"지금까지 앞만 보고 오셨으니 이제 여유롭게 사시는 것도 좋지 않겠습니까?"

작년 내가 서울시장 4년 임기를 무사히 마치고 새로운 출발을 선언하자 몇몇 지인은 이렇게 나를 만류했다. 그러나 나는 새로운 도전을 위해 다시금 출발점에 섰다. 이번 도전이 어떤 결과를 맺을지 누구도 알 수 없을 것이다. 다만 내가 꿈꾸던 이상과 목표가 그곳에 있고, 해보지 않고 포기하는 것보단 최선을 다하는 것이 당당한 삶이라는 것을 알기 때문에 나는 또다시 온몸을 부딪쳐 나아가려 한다.

돌이켜보면 내 인생을 이끌어 왔던 원동력은 바로 도전 정신이었다.

젊은 시절, 날품팔이로 전전하면서도 학업의 끈을 놓지 않았던 것도 그랬고, 보장된 미래를 포기하고 잘못된 현실에 항거하던 대학 시절도 그러했다. 편안한 노후를 보장해 주는 기업체 회장 자리를 박차고 국회의원에 출마했던 것도 도전 정신없이는 불가능한 일이었다.

나에게 도전이란 앞뒤 안 가리고 무조건 덤벼드는 걸 뜻하지 않는다.

그것은 현실과 이상 사이에서 최고의 결과를 내기 위한 여정이다. 그렇기에 감히 고백하건데 나는 누구보다 치밀하게 그러나 단호하게 살아왔다.

내가 쉬운 길을 놔두고 번번이 어려운 길을 선택한 데에는 나름의 이유가 있었다. 대체로 내 목표가 다른 사람들보다 높았고 또한 이런 목표를 성취하기 위해 언제나 원칙과 정도에 충실하려고 노력했기 때문이다.

내 삶이 그랬듯 서울시 정부의 CEO 4년도 내게는 항상 도전의 시간들이었다.

지난 4년을 돌이켜 보면 실로 만감이 교차한다. 기쁘고 보람 있던 순간과 아쉬웠던 순간들이 눈에 잡힐 듯 생생하기만 하다. 나와 4만여 서울시 공무원들에게는 '불가능은 없다'는 각오로 숨 가쁘게 뛰었던 시간이었다. 때로는 일요일도 잊었고, 공휴일도 없었으며 밤과 낮의 구별도 없었다. 열심히 뛴 보람이 있어 기쁨의 순간이 많았지만 힘들었던 순간도 없지 않았다. 하지만 떠나는 자에겐 아쉬움도 추억이라 했던가. 지금 생각해보니 힘들었던 순간들조차 소중한 추억으로 남는 느낌이다.

내가 공약한 사업 중에는 남들이 보기에 10%의 가능성도 없다고 단언했던 일들이 적지 않았다. 대표적으로 청계천 복원 사업과 대중교통 개혁이 그러 했다. 그것들은 참모들과 지지자들은 물론 가족까지 반대했을 만큼 부담스러운 사업이었다.

청계천 복원 사업을 추진할 당시에 한 언론사 간부는 곱지 않은 시선으로 이런 충고를 하기까지 했다.

"그냥 4년 내내 검토만 하면서 시간이나 끄세요. 그게 시장님한테는 훨씬 유리할 겁니다."

자세한 과정을 모르는 사람들 눈에는 실패할 확률이 높은 사업들이었다. 나라고 해서 두려움과 망설임이 없었으랴. 그럼에도 나는 용기를 내서 단 10%의 가능성에 도전했다. 그것이 옳은 길이었고, 그만큼의 치밀한 준비와 확고한 의지가 있었기 때문이다.

우리 사회를 돌아보면 모두가 힘들다고 아우성이다. 특히 젊은이들이 너무 쉽게 좌절하고 날개를 접는다. 비단 젊은이들뿐만 아니라 우리 사회 전체가 좌절감에 빠져 있는 것 같다.

그러나, 세계는 한치 앞을 내다 볼 수 없을 정도로 변해가고 있다. 하루가 다르게 새로운 기업이 생겨나고 또 없어지고 있다. 세계가 점차 단일시장으로 변해가는 상황에서 국가는 예전처럼 국민들을 확실하게 보호해주지 못하고 있다. 그 결과 사회 양극화와 저출산, 고령화 문제가 발생하고 있고, 이것의 골이 깊어지면서 세대간, 지역 간 갈등은 더욱 첨예해지고 있다.

이럴 때일수록 국가뿐만 아니라 한 사람 한 사람, 자신의 경쟁력을 키워나가야 한다. 움츠리기보단 공격적이어야 한다. 꿈을 위해서라면 온몸을 부딪쳐 나아가겠다는 마음가짐이 중요하다. 위기가 기회임을 되새길 필요가 있다.

냉철히 생각해보면 인생이란 본디 왕복티켓을 갖고 태어나는 안락한 여행이 아니다. 모든 사람에게 편도 티켓만이 주어지는 힘든 여행일 뿐이다. 되돌아갈 또 한 장의 티켓은 자기 스스로의 힘으로 구하지 않으면 안된다.

모두가 안주하려고만 할 때 도전하는 젊은이들, 불확실함 속에서도 희망을 품고 사는 보통 사람들, 어려움 속에서도 세계와 경쟁하는 경영자들, 안정보다는 도전을 선택하는 모든 사람들, 그들에게 서울시를 경영했던 내 경험들이 다소나마 힘이 되어주기를 바라며 치열하게 도전했던 '서울 CEO' 4년, 1460일의 시간을 이제 갈무리하고자 한다.

이 책이 나오기까지 여러 수고를 아껴주지 않은 윤정호, 신중선 씨 그리고 출판사 관계자들에게 감사의 말을 전한다.

무엇보다 서울시장 재임 4년 동안 때론 따뜻한 지지로 때론 엄중한 질책으로 든든한 조력자가 되어주신 1천만 서울시민들에게 고마움을 전하고 싶다. 내가 선택의 순간에 소신껏 판단을 내렸다면, 그건 전적으로 시민들의 현명한 판단을 믿었기 때문임을 이 자리를 빌려 밝히고 싶다.

2007년 1월
안국동에서

이 명 박

차례 · C O N T E N T S

3장 | 위대한 조직을 위한 도전자 정신

4장 | 서울을 변화시킨 경영 전략 6

C H A P T E R

·

·

·

1

TO SUCCESS

현명한 도전
.
.
.

10%의 가능성을 100% 현실로 바꾸는 힘

위기를 성공으로 이끄는 힘
온몸으로 부딪쳐라

1

도전

. . .

위기가 기회다

'처음'을 기억하라

2004년 7월 4일 저녁 7시.

나는 시청사에 마련된 교통종합상황실로 들어섰다. 발걸음이 무
거웠다. 머릿속에서 아수라장이 된 시내 교통 현장이 계속 아른거렸
다. 위기 상황이라면 이제 익숙해질 만도 한데 잠시 눈앞이 깜깜해
지는 것은 어쩔 수가 없었다.

'자그마치 1000만이 넘는 서울시민들이 혼란에 빠져 있다.'

그 생각이 자꾸 가슴을 짓눌렀다.

시장실을 나오면서 보니 비서실은 전화 폭주 상태였다. 원망 섞인
목소리들이 빗발치고 있을 것은 굳이 들어보지 않아도 알 만했다.

"버스카드 시스템이 작동하지 않는데, 이게 도대체 어떻게 된 겁

니까?"

"요금이 너무 많이 찍혔어요. 이렇게 한꺼번에 요금을 많이 올려도 되는 겁니까?"

"버스가 도로에 일렬로 늘어서 있어서 원래 30분이면 가던 곳이 2시간 넘게 걸렸습니다."

"버스 번호를 한꺼번에 바꿔놓아서 도대체 뭐가 뭔지 하나도 모르겠어요."

나중에 들어보니, 흥분한 나머지 전화기에 대고 다짜고짜 시장 바꾸라고 호통치는 경우도 있었고, 한바탕 폭언을 퍼붓고는 전화를 끊어버리는 경우도 다수였다. 얼마나 불편이 컸으면 그랬을까. 죄스러운 마음뿐이었다.

몇십 년간 난마처럼 헝클어져 있던 대중교통체계를 한꺼번에 바꾸는 일이었다. 혼란이 전혀 없으리라고는 생각하지 않았다. 하지만 준비에 빈틈이 있었다는 것이 충격적이었고, 특히 IT시스템에서 오류가 일어난 것은 뜻밖이었다. 당연히 우리가 해야 할 일은 오류를 시정하고 대책을 마련하는 것이었다. 하지만 열 일 제쳐놓고 내가 먼저 해야 할 일이 있었다. 그것은 바로 시민들에게 사과하는 일이었다.

2004년 7월 4일 기자회견은 그런 취지로 마련되었다.

교통종합상황실에서는 기자들이 장사진을 치고 있었다. 서울시 교통체계의 일대 혁명이라고 단언했던 버스 개편이었다. 그것을 자신 있게 추진한 장본인의 입에서 지금 이 사태에 대해 어떤 변명이 나올까, 모두 기다리고 있는 눈치였다.

"버스카드 시스템과 버스 운영체계, 노선 등이 한꺼번에 개편되는 과정에서 미처 예상하지 못한 문제점들로 인해 시민 여러분께 불편을 드린 점, 깊이 사과드립니다."

나는 TV 카메라에 고개 숙여 사과하는 것으로 기자회견을 시작했다. 사과를 마치고 준비한 4쪽 분량의 대책안을 읽어 내려갔다. 마음속에는 한 가지 생각뿐이었다.

'당장 닥친 혼란스러움 때문에 교통체계의 본래 취지마저 빛 바래서는 안 된다.'

발표가 끝나자 기자들의 질문 공세가 이어졌다. 혼란의 원인과 앞으로의 대책을 묻는 질문이 쏟아지고 뒤를 이어 우려했던 질문이 나왔다.

"교통체계 개편이 아직도 정말 적절한 정책이라고 보십니까?"

교통체계 혁신은 기획 단계에서부터 반대가 거셌던 정책이었다. 상황이 이렇게 되고 보니 잠시 잠잠했던 반대 여론이 다시 고개를 든 것이다. 하지만 나는 주춤하고 있을 수는 없었다.

"버스 개편의 본래적인 방향은 옳은 것입니다. 저는 아직도 그것을 확신합니다. 오류는 금방 수정될 것입니다."

나는 어느 때보다도 확신에 찬 표정으로 기자회견을 마쳤다.

'서울의 교통체계는 우려 속에서 시작되었지만 곧 자랑거리로 떠오를 것이다. 어려울수록 처음을 생각하자.'

당장 문제가 발생하고 비판이 쏟아진다고 해서 믿음까지 흔들려서는 아무 일도 할 수 없다는 것을 나는 잘 알고 있었다.

　다행히 이런 나의 확신은 몇 달 만에 현실로 나타나기 시작했다. 한 달여가 지나고 문제점들이 개선되면서 버스의 운행 속도가 눈에 띄게 빨라졌다. 버스 회사들과 버스 운전사들은 예전처럼 시간에 쫓기면서 더 많은 승객을 태우려고 노심초사하지 않았다. 시민들도 한결 나은 서비스를 제공받을 수 있었다. 초기에 심각한 오류를 보였던 버스카드 시스템도 안정적으로 자리를 잡았다. IT시스템으로 버스의 운행 정보를 일목요연하게 얻을 수 있었고, 그것들은 새로운 노선을 만드는 데 유용한 정보로 활용되었다.

　준공영제로 개편된 버스 제도의 일차적인 수혜자는 1천만 시민들이다. 시민들은 달라진 버스 체계의 장점을 피부로 실감하기 시작했다. 이전과 비교해서 버스 요금은 줄어든 반면 서비스는 향상되고 속도도 빨라졌음을 느끼게 된 것이다.

　"시장님, 다른 건 몰라도 버스 노선은 건드리지 않는 게 좋겠습니다. 예전에도 몇 번인가 개편을 시도했는데, 그때마다 담당 공무원들만 줄줄이 영창 신세가 되고 말았습니다."

　교통체계 혁신을 처음 시도하려 할 때 참모진 가운데 한 명이 내게 했던 조언이었다. 교통체계 혁신이 어렵고도 힘든 작업이 될 것임을 직감하게 했다. 예전에도 버스 개편을 하려고 했지만 그때마다 사업자들의 반대에 부딪히고 버스 개편 준비사업에 투입된 담당 공무원들이 무슨 일인가에 연루되어 구속되는 악순환만 반복했던 것이다.

교통체계 혁신은 사실 나 혼자 구상하고 계획한 사업이 아니었다. 버스 개편은 전문가, 버스 조합, 노조, 시민단체로 이루어진 '버스개혁시민위원회'의 합작품이었다. 버스 개편에 가장 적극적인 곳은 경실련과 녹색교통연합을 비롯한 7개 시민단체였다. 그들은 "버스 개혁은 늦출 수 없는 긴급한 사업"이라며 서울시의 시행을 촉구하는 성명을 발표하기도 했다. 이렇듯 버스 개혁의 필요성에 대해선 모든 시민이 공감하고 있었다. 그런데도 현실로 돌아오면 사정은 이처럼 달라졌던 것이다.

나는 먼저 스스로에게 되묻지 않을 수 없었다.

'교통체계 혁신이라는 게 대체 무엇인가? 나에겐 어떤 의미이고, 1천만 서울 시민들에겐 또 무슨 의미로 다가갈 것인가?'

잔잔한 호수에 파문이 일듯 질문이 마음속에 퍼져나갔다. 나는 시장이 되던 당시의 초심을 떠올렸다.

"저는 다른 사람들이 하지 못한 일을 하기 위해 서울시장에 출마했습니다. 서울시를 책임지는 CEO의 입장에서 시민들이 필요로 하는 일을 반드시 하겠습니다. 그래서 서울의 경쟁력을 이전과 질적으로 다른 세계적인 수준으로 끌어올리겠습니다."

시장 출마 당시 출마 동기와 포부를 묻는 질문들에 했던 내 대답들이었다. 그랬다. 어렵다고 포기하거나 돌아갈 순 없는 일이었다. 그것이 바로 시민과의 약속은 물론 나와의 약속을 지키는 일이었다.

언젠가 지인으로부터 들은 서울시 버스에 얽힌 일화가 있다.

그 친구에게는 고등학교 3학년 된 딸이 있다. 늦은 밤 도서관에서 공부를 마친 친구의 딸은 정류장에 혼자 서서 버스를 기다렸다고 한다. 이미 대부분의 버스들이 차고지로 향하고 있을 시각이었다. 그래도 그녀는 자신이 알고 있는 막차 시간을 떠올리며 버스를 기다렸다. 추위에 언 발을 동동 구르며 기다린 지 한참 후 막차 시간을 훌쩍 넘기고서야 멀리 버스가 오는 것이 보였다. 반가운 마음에 손을 들면서 버스정류장 표시를 지나 차도에 한 걸음 다가섰다. 그런데 이게 웬일인가. 그토록 기다렸던 버스가 휭 하니 먼지만 일으키고 그냥 지나쳐가는 게 아닌가. 버스 운전사가 손을 번쩍 치켜든 그녀를 못 보았을 리 만무했다. 이유는 한 가지였다. 버스가 차고지에 들어갈 시간에 늦어서 정류장에 서 있는 승객 한두 명을 못 본 척 지나쳐버린 것이었다. 친구 딸은 추위와 두려움에 떨다가 결국 택시를 잡아타고 집으로 돌아갈 수밖에 없었다고 한다.

이 이야기를 전해 들은 친구는 화가 나서 서울시청 교통과로 전화를 걸어 승차 거부를 한 노선버스를 신고했다. 그런데 뜻밖에 황당한 일이 일어났다고 한다. 1시간쯤 뒤에 바로 그 노선버스 회사 총무과 직원이라는 사람이 전화를 걸어와 극구 사과하더라는 것이다. 일이 커질 것에 대비해 버스 회사에서 미리 손을 쓴 것이었다. 이런 사실은 시청 공무원과 버스 회사 사이의 유착관계를 암시하는 것이기도 했다.

친구가 겪었던 일화는 비단 그 친구만의 이야기는 아닐 것이다. 기존 대중교통을 이용하던 시민들이라면 누구나 한 번쯤 겪었을 법한 불편과 고통이었다. 버스 개편은 늦어도 한참은 늦은 수술이었던 것이다.

시행 초기의 혼란을 극복한 교통체계 혁신은 시민단체들로부터도 민선 3기 서울시가 이룩한 가장 개혁적인 사업으로 평가받고 있다.

"어렵다고 돌아가진 않습니다"

교통체계 혁신을 준비하는 과정은 신속하게 이루어졌다. 머릿속으로 전문가들을 중심으로 한 자리 배치가 훤히 그려졌다. 우선 교통 관련 전문가를 초빙해 교통관리실장에 임명하고 전권을 위임했다. 또한 시청에 전담 연구원들의 싱크탱크를 운영하도록 했다. 시정개발연구원의 연구지원단과 도심교통개선반, 버스개선지원단 등도 함께 꾸려 버스 개편을 외곽에서 지원하도록 했다.

실무에 들어가자 부딪치는 일이 한두 가지가 아니었다. 일단 버스 중앙차로제의 시범 실시가 경찰과 인근 상인, 주민들의 반대로 무산되고 말았다.

그러나 무엇보다 가장 힘들었던 일은 기득권을 가진 버스 회사들과의 협상이었다. 버스 개편의 주된 방향은 교통정책의 공익성을 회복하는 일이었다. 공공 영역인 버스 노선을 민간의 버스 회사들이 좌지우지하는 데서 오는 시민들의 불편을 없애고 선진적인 교통체계를 구축하는 일이었다.

물론 한 도시의 교통체계를 민간이 책임지는 게 반드시 나쁜 것만은 아니다. 민간이 해서 적절한 부분이 있고, 그게 걸맞은 도시가 있다. 그러나 서울은 좁은 공간에 1천만이 넘는 인구가 모여 사는 과밀 도시이다. 교통에 관한 한 시장에서 소화할 수 있는 한계를 넘어섰다.

민간 버스 회사들이 노선권 선정에서 기득권을 갖다보니 이익을 낼 수 있는 방향으로 노선이 정해지는 일이 많았다. 자연히 최우선 순위에 놓여야 할 시민들의 편의는 짬짝 취급되고 말았다.

준공영제를 골자로 한 버스 개편 계획을 발표하자 버스업자와 노조 모두가 반발했다. 버스업자들은 알고 있는 인맥을 총동원해 시청 공무원들에게 로비를 시도했다. 막역한 대학 선배의 전화를 받고 나갔다가 버스업자에게 붙들린 시청 간부도 있었다.

"할 말이 있다면 만나서 들어주되, 혼자서는 절대 만나지 말고 시청 사무실 안에서 만나도록 하세요. 다시 말하지만 밖에서는 일절 만나선 안 됩니다."

나는 시청 공무원들에게 금족령을 내렸다. 또한 교통국의 핵심인력들을 모두 교체함으로써 버스업자들과의 유착관계를 사전에 차단했다.

이미 준공영제의 명분이 선 이상 버스 회사는 설득의 대상이지 타협의 대상이 아니었다. 한편으로 교통관리실장을 비롯한 교통국 직원들이 버스 회사와 노조들을 설득하는 작업에 들어갔다.

새로 부임한 교통관리실장이 직접 나서서 버스업자들과 노조원을 데리고 수련원으로 여러 차례 세미나를 다녀왔다. 그 와중에도 버스 회사들은 변호사까지 동원해 조직적으로 반발했다. 하지만 교통관리 담당자들은 절대 포기하지 않았다. 설득 과정에서도 어떤 대가를 먼저 제시하지 않았다.

"버스는 공익성이 최우선이어야 합니다. 서울시가 노선권을 가져가 준공영제로 운영하는 게 시대적인 대세란 말입니다. 하지만 버스 사업자들이 손해를 본다거나 일자리가 줄어드는 일은 절대 없도록 할 것입니다."

우리가 먼저 주장한 것은 버스 개편의 당위성이었다. 아울러 각 회사에 맞는 맞춤형 설득 논리도 동원했다. 이른바 노른자위 버스 노선을 가지고 있는 사업자들을 설득할 때의 논리는 이랬다.

"그동안 버스 회사들이 돈을 많이 번 것은 영업 방식이나 서비스가 좋아서가 아니지요. 이유는 딱 하나, 노른자위 노선을 받았기 때문입니다. 하지만 그런 식으로 계속 운영하다가는 앞으로 힘들어질 겁니다. 주위에 지하철 생기고, 경전철 생기면 앞으로 어떻게들 하실 겁니까?"

그리고 적자 노선을 운영하는 사업자들에게는 또 다른 논리로 설득해나갔다.

"그동안 계속 적자 노선만 운영하지 않았습니까? 이제는 그 타개책을 찾아야지요. 저희들이 도울 수 있을 것입니다."

처음에 조직적으로 반대하던 버스업자들이 점차 기세를 꺾고 하나 둘씩 동의하는 뜻을 비치기 시작했다.

버스 개편 전면 시행 하루 전날인 6월 30일 밤 9시경에 나는 교통관리실장에게 전화를 걸었다.

"어떻습니까? 내일부터 바로 실시해도 무리가 없겠습니까?"

버스 개편에 대해서는 1년 전부터 매주 1회씩 교통 회의를 통해 추진 상황을 점검해왔다. 6개월 전부터는 매주 2회씩 실무진까지 회의에 참여해 진행 상황을 체크해왔다. 또한 시행 1주일 전부터는 매일 간부들과 전문가들로부터 문제점이 없는지 다짐을 받아놓았다. 틈틈이 현장에 나가 진행 상황을 점검하기도 했다. 요컨대 이미 확답을 받은 일이었다. 하지만 사람이 하는 일인 이상 100%는 없다. 그러므로 신중에 신중을 기하고 확인에 확인을 거듭하는 것이 최선이었다.

"네, 가능합니다."

교통관리실장은 변함없는 목소리로 대답했다. 나는 마지막으로 내 생각을 말했다.

"내일부터 시행해도 문제가 없다고 생각된다면 시행하도록 하세요. 하지만 만에 하나 내일이 못박아둔 시행일이기 때문에 하는 거라면 준비될 때까지 며칠 미뤄도 괜찮습니다."

"내일부터 충분히 할 수 있습니다."

교통관리실장의 목소리는 여전히 자신감에 차 있었다.

그런데 바로 다음 날 생각지도 않게 카드시스템이 오작동을 일으키고, 일부 중앙차로에 극심한 정체가 생겼으며, 바뀐 노선을 숙지하지 못한 시민들이 대혼란을 겪는 문제가 발생한 것이다.

서울시는 곧바로 비상 상황으로 돌입했다. 나는 매일 밤 대책 회의를 하고 그날 모니터링한 상황을 다음 날 아침까지 해결하도록 지시했다. 모니터링은 교통국이 아닌 다른 부서 사람들이 하도록 했다. 보다 객관적인 입장에서 모니터 결과를 정확하게 집계하기 위해서였다.

전 직원이 새벽 1~2시에 집으로 돌아가기 일쑤였고 새벽에는 할당된 차고지로 가서 카드시스템이 제대로 작동하는지를 점검했다.

교통국 직원들은 카드시스템 회사에 가서 오류를 바로잡느라 밤을 샜다. 나와 교통관리실장을 비롯한 간부들은 한 달여 동안 틈만 나면 도로에 나가 시내 교통 상황을 눈으로 직접 확인했다. 하루라도 빨리 오류를 바로잡고, 혼란을 수습해야 한다는 생각뿐이었다. 도로에서 쓰러지는 일이 있더라도 말이다.

힘들고 어려운 순간이었지만 발 빠른 위기관리 덕택에 초기의 혼란은 곧 수습되었다. 비난을 쏟아 붓던 시민들도 점차 교통체계 개편의 당위성을 긍정하는 방향으로 변해갔다.

현명한 도전을 위한 3가지 원칙

서울시의 교통체계 개편이 초기의 혼란을 극복하고 성공할 수 있었던 요인은 크게 3가지로 볼 수 있다. 먼저 핵심을 정확히 파고든 문제 접근 방법과 일관성, 그리고 끈기 있는 대화 노력이다.

어떤 일이든 성공하기 위해서는 먼저 문제의 핵심이 무엇인지를 제대로 파악하고 그에 적절한 문제 해결 방법을 찾아내야 한다.

그동안 버스 개편이 번번이 좌초되었던 이유는 버스가 가지는 공공성과 민간회사들의 영리추구가 격렬하게 상충되었기 때문이다. 이 문제를 풀기 위해서는 버스개혁시민위원회 등 개혁의 필요성을 주장하는 측과 그것에 완강히 반대하는 세력이 서로 만나는 절충점을 찾아내는 게 중요했다.

버스 개편의 경우, 그 절충점이 바로 준공영제였다. 서울시가 사유화된 노선권을 가져오는 대신 일정 부분 버스 회사를 지원해줌으로써 영리를 보장해주는 방식이 그것이다.

여기서 간과하지 말아야 할 점은 서울시가 버스 회사들을 설득하는 과정에서 미리 지원 약속을 하진 않았다는 것이다. 보다 중요한 것은 협상의 명분과 당위성이었다. 버스 개편의 명분을 갖고 그들에게 불이익을 주지 않겠다는 점을 끈질기게 설득한 것이 주효했다.

현재 서울시는 1년에 약 2500억 원의 버스 지원금을 지불하고 있다. 버스 개편 이전에도 환승 할인 요금에 대해 약 1000억 원이 나갔음을 고려할 때, 버스 개편 이후에 약 1500억 원이 더 나가는 것이다.

하지만 과거에는 버스가 닿지 않은 지역을 위해 지하철을 더 많이 건설해야 했다. 지하철 1㎞를 건설하는 데만 들어가는 비용이 약 1300억 원이었다. 이를 비교하면 훨씬 경제적인 셈이다.

버스 회사 입장에서도 과거와 같이 다른 교통수단들과의 경쟁에 시달리지 않아 손해될 게 없다. 결과적으로 서울시와 시민, 그리고 버스 회사 모두에게 이로운 윈-윈 모델이 된 것이다.

문제 접근 방법에서 교통체계 개편은 이미 어느 정도 성공을 예감한 사업이었다.

반면 서울시 교통체계 개편이 시행되기 1년여 전 있었던 전라북도 부안의 핵 폐기장 유치 신청 문제는 잘못된 문제 접근이 가져온 실패한 사업의 한 유형이다.

당시 부안에서는 원전수거물센터 유치 신청 문제를 두고 주민과 지방자치단체 사이에 엄청난 충돌이 있었다. 군수의 일방적인 원전수거물센터 유치 신청이 주민들의 반발을 불러왔고, 중앙정부의 일관성 없는 대응이 결과적으로 사태를 악화시켰다.

교통체계 개편과 마찬가지로 부안 사태도 공익과 사익이 첨예하게 충돌하는 속성을 지닌 사업이었다. 원전수거물센터는 어딘가엔 반드시 생겨야 할 공공시설이다. 그러나 주민들의 입장은 다를 수밖에 없다. 원전수거물센터가 들어섬에 따라 발생하는 여러 가지 부작용을 우려하지 않을 수 없다. 이것에 대해 '님비 현상'이라고 비난할 순 없는 것이다.

특히 부안의 원전수거물센터 유치 신청은 주민 투표도 거치지 않은 갑작스러운 것이었다. 부안군수는 나중에 "시간이 지나면 자신의 결정이 옳았음이 증명될 것"이라고 말함으로써 자신의 결정이 부안군을 위한 충심이었음을 강조했다.

나는 부안군수의 충심까지 오해하고 싶진 않다. 그러나 그 방법은 분명히 앞뒤가 뒤바뀐 것이었다. 모든 협상은 그 전에 명분과 당위성을 분명히 해야 한다. 명분이야말로 협상의 가장 좋은 무기인 것이다.

부안 사태의 경우에는 명분을 확고히 내세우지 못해 주민들을 설득할 논리를 잃고 말았다. 공익과 사익을 조화시킬 절충점을 찾는 게 문제의 핵심인데도 명분을 잃는 바람에 타협의 여지조차 갖지 못했던 것이다.

교통체계 개편의 또 다른 성공 요인은 개편 과정과 위기 수습 과정에서 보여준 일관성이다. 서울시 교통국 직원들은 버스업자들을 대할 때 함부로 공수표를 남발하지 않았다. 서울시에서 줄 것은 지원금이었고, 얻어낼 것은 노선권이었다.

이것을 둘러싸고 장기적으로 진지하게 협상에 들어갔다. 버스업자들을 설득하기 위해 한 번도 원칙을 바꾸거나 미리 지원금을 주겠다는 약속을 하지 않았다. 서로를 만족시킬 수 있는 해결책을 찾았지 어중간한 타협책으로 사태를 무마하려 하지 않았던 것이다.

시행 초기에 일대 혼란이 일어나고 "버스 제도를 원래대로 되돌려라" 하는 주장이 나왔을 때도 마찬가지였다. 여론의 십자포화를 맞으면서도 "버스 개편의 근본 방향이 옳다"는 믿음을 잃지 않았다. 시스템을 빨리 정착시키기 위해 문제점들을 하나씩 시정해나갈 뿐이었다. 요컨대 개편 준비 단계부터 위기 관리에 이르기까지 서울시청 전 직원이 일관성을 잃지 않으려고 노력했고, 실제로 잃지 않았다.

부안 사태의 경우에는 안타깝게도 정책의 일관성에 문제가 있었다. 처음 위도 주민들이 유치 신청에 적극적이었던 것은 '현금 보상설' 때문이었다. 이런 '현금 보상설'은 공개적인 과정이 아닌 위도 주민들과의 개별적인 접촉을 통해 이루어진 것으로 알려졌다. 정책 과정이 투명하지 못했음을 보여주는 것이다.

매스컴을 통해 이 같은 사실들이 공개되면서 지역 시민단체와 환경단체가 반대를 천명하고 나섰다. 설상가상으로 일을 진행하는 과정에서 부안군과 정부는 태도를 바꿨다. 위도 주민들에 대한 현금 보상은 애매한 성격의 지역개발로 방향을 틀었던 것이다.

애초에 '현금 보상설'이 나왔을 때 그것을 차단하지 않은 것부터가 주먹구구식의 접근이었는데, 자꾸만 입장을 바꾸면서 정부와 부안군 스스로가 주민들의 불신을 자초한 셈이었다. 이런 일관성 없는 정책들이 주민들의 불신을 키웠고 결국 엄청난 주민 저항으로 이어지게 했다.

마지막 성공 요인은 협상 과정에서 보인 끈질긴 설득이다. 버스 개편 과정에서 서울시는 버스업자들을 매우 끈질기게 설득했다. 담당 공무원들이 협박을 당하는 와중에도 결코 대화를 포기하지 않았다. 시행 초기 위기가 발생했을 때에도 마찬가지였다. 어떤 시민은 대책 회의를 하느라 불야성을 이룬 새벽의 시청 건물을 보면서 분노를 누그러뜨렸다고 한다. 그것 또한 시민들에 대한 설득의 의미를 담고 있는 것이었다.

부안 사태를 보면 주민들을 설득하려는 체계적인 과정이 있었는지 의심스럽다. 원전수거물센터를 유치한다면 가장 큰 영향을 받는 사람들은 당연히 그곳에서 생계를 유지해야 하는 지역주민들이다. 그렇다면 당연히 주민들에 대한 체계적이고 지속적인 설득 작업이 있어야만 했다. 보상이나 개발 이익 등 당근은 내밀었으면서 정작 제대로 된 여론 수렴 과정조차 거치지 않은 것이 아쉬운 부분이 아닐 수 없다.

최근 원전수거물센터 문제는 주민 투표를 통해 경주로 최종 낙찰이 되었다. 국가적으로 보았을 때, 매우 다행스러운 일이다. 그러나 정부가 처음부터 좀 더 합리적이고 체계적으로 접근했다면, 부안 사태는 일어나지 않았을 것이다. 물론 서울시 버스 개편과 부안 사태를 획일적으로 비교할 순 없다. 그럼에도 불구하고 이 두 사건에는 문제 해결 과정에 대한 중요한 교훈이 담겨 있다.

공익과 사익, 혹은 서로 다른 이해가 상충했을 때, 문제의 핵심을 정확히 짚어내 절충점을 찾아야 한다. 그리고 일관성을 갖고 반대자들을 꾸준하게 설득하는 작업이 필요하다. 이 3가지 원칙만 명심하고 실천한다면 갈등 해결의 문은 의외로 쉽게 열릴 것이다.

2
긍정 마인드

.
.
.

내 인생의 발전소

긍정적으로, 적극적으로 집착하라

서울광장 조성 후 5개월이 지났을 때의 일이다. 곧 겨울이 오면 잔
디 보호를 위해 서울광장을 폐쇄하기로 했다.

서울광장은 2004년 5월 1일 개장한 뒤부터 시민들의 사랑을 듬뿍
받는 명소로 자리매김했다. 개장 당일에는 예상하지 못한 인파가 몰
려드는 바람에 시청 직원들이 하루 종일 혼쭐이 나야 했다. 그날의
작은 소동은 시민들이 도심지에서 여유를 느낄 수 있는 공간을 얼마
나 기다려왔는지, 그리고 서울에 그런 공간이 얼마나 부족한지 여실
히 느낄 수 있는 사건이었다.

그런데 겨울철이 되어 서울광장에 시민들의 발길이 끊길 것을 생
각하니 마음이 좋지 못했다.

'본래 광장이란 넓은 마당이라는 뜻이 아닌가. 마당은 사람들의 발길이 끊이지 않아야 제격이다. 또 그래야만 광장을 조성한 본래 취지를 이어갈 수 있는 것이다.'

나는 겨울에도 시민들이 광장을 찾아올 수 있는 방법을 고민했다. 퍼뜩 머리에 스치는 장면이 있었다. 언젠가 유럽 출장 중에 보았던 프랑스 파리 에펠탑 아래의 스케이트장이 그것이었다. 스케이트를 타는 파리 시민들의 자유롭고 낭만적인 풍경이 잠시 부러웠던 기억이 났던 것이다.

'이제 파리의 낭만과 자유로움을 서울시민들도 만끽할 수 있게 해주자.'

나는 그런 구상에 마음이 은근히 들뜨기까지 했다. 그러나 담당자들의 반응은 예상외로 시큰둥했다.

"비싼 잔디인데, 혹시 훼손될 수 있잖겠습니까?"

"예산도 문제입니다. 안전사고라도 나면 괜히 언론에 안 좋게 비칠 수 있습니다."

"준비하고 만들었을 땐, 이미 겨울이 다 지나간 뒤일 겁니다."

회의를 진행하면서 아차 싶은 생각이 들었다. 기쁜 건 나 혼자뿐이었다. 실무 간부들의 의견은 하나같이 부정적이었다. 솔직히 굳이 하지 않아도 될 일을 만들어서 역효과를 내기라도 하면 어떡하나, 하는 관료적 뉘앙스도 느껴졌다. 간부들의 반대에도 나름의 이유야 있었다.

간부들의 반대에 부딪히자 어쩐지 시험대에 오른 기분이었다. 하고 싶은 일은 '서울광장에 스케이트장을 만드는 것'이었지만 당장 해야 할 일은 '반대하는 간부들의 마음을 돌리는 것'이었다.

"가능성이 있으면 백 번이라도 두들겨봐야지, 왜 자꾸 안 된다는 쪽으로만 생각하십니까? 경영 마인드라는 게 무엇입니까? 고객의 요구보다 한 걸음 빨리 고객이 원하는 걸 해주는 정신입니다. 마음만 있다면 방법은 저절로 나올 겁니다."

내가 강조한 것은 스케이트장이 갖는 문화적인 가치였다. 그것은 시민들에게 다가가는 시행정의 몸짓이기도 했다. 이제 스케이트는 부유층의 오락이 아니다. 시민들 누구나 와서 스케이트만 빌리면 탈수 있는 것이다. 나는 시민들의 레저가 시청 앞 광장에서 이루어진다는 상징적인 의미를 생각해달라고 당부했다.

그런데도 10월경에 담당국장은 "힘들 것 같다"는 의견을 개진해왔다.

"협찬을 검토해보겠다던 금융업체에서 거절했습니다. 스케이트장을 만든다고 해도 운영하는 데에 어려움이 예상됩니다."

그렇게 스케이트장 조성은 불발로 끝나는 듯싶었다. 나는 몹시 아쉬운 마음이 들었다. 그렇다고 담당 공무원을 타박할 수도 없었다. 성과보다는 여론과 책임에 민감한 공무원의 생리를 이제 누구보다 잘 알기 때문이었다. 그래도 아쉬움은 여전히 남았다.

나는 관료가 아닌 다른 사람에게 한번 검토를 부탁해보기로 했다. 관료가 아닌 사람들이 보기에 과연 어떤 의견이 나올지 궁금하기도 했다. 내가 검토를 맡긴 사람은 극단 대표를 지낸 유명 연기자였다.

"시장님, 그것 참 좋은 아이디어인데요! 시민들이 저렴하게 즐기기에 참 좋을 것 같습니다. 잔디가 걱정되면 잔디가 없는 곳에 아담하게 만들면 되는 거 아닙니까? 기술적으로도 별 문제 없을 것 같습니다."

그의 반응은 의외로 긍정적이었다.

'똑같은 사안에 대해 이렇게 다른 의견이 나올 수 있구먼. 그가 할 수 있다면 우리도 할 수 있는 게 아닌가.'

나는 담당 국장을 불러들였다. 이번에는 좀 더 강한 어조로 다시 스케이트장 조성을 추진해보라고 지시했다.

스케이트장 건설은 기술적으로 그리 어려운 일이 아니었다. 서울광장 전체를 스케이트장으로 만들겠다는 고정관념에서만 벗어나면 되었다. 잔디가 없는 공간 한쪽에 물을 얼리면 잔디 훼손은 걱정하지 않아도 되는 것이다. 스케이트장의 규격이 문제가 된다면, 피겨 스케이트만 타도록 제한하면 되었다. 하고자 하는 마음만 있다면 방법은 얼마든지 있는 것이다.

가장 어려운 문제는 자금 조달이었다. 준비된 예산은 없는데, 시의 예비비로 하기도 여의치 않았다. 결국 자금은 민간 기업들의 협찬으로 해결할 수밖에 없었다.

그런데 담당 부서에서는 여전히 소극적이었다. 기업에게 협찬을 요구한다는 것은 해본 적이 없는, 익숙지 않은 일이었기 때문이다. 나는 담당 직원을 불러들여 설득했다.

"시청 앞에 스케이트장이 생기는 건 예전엔 상상도 못할 일입니다. 이거야말로 달라진 시대 풍경 아닙니까? 얼마나 사람들이 신기해하겠습니까? 그런 소문은 언론에도 날 테고, 그러면 엄청나게 사람들이 몰려올 겁니다. 이슈가 되는 자리에 광고를 하면 기업도 좋고 시민들도 좋고 이거야말로 윈-윈 아닙니까?"

그제야 직원들이 움직이기 시작했다. 실제로 수월하지 않던 협찬도 이루어졌다.

그렇게 해서 스케이트장은 그해 크리스마스 전에 개장했다. 뉴욕 록펠러 센터의 스케이트장보다 큰 규모였다. 개장하는 순간에도 담당 직원은 혹시나 하는 마음인 것 같았다. 그러나 스케이트장은 개장 첫날부터 속된 말로 '대박'이 났다.

국내 유수 신문과 방송, 잡지들이 모두 대대적으로 서울광장 스케이트장 개장을 보도했다. 소문이 나자 시민들이 더욱 많이 몰려들었다. 심지어 지방에서까지 스케이트를 타러 올라왔다. 협찬사인 금융업체도 마케팅 역사상 최고의 성공 사례로 꼽았다.

시청 앞 스케이트장은 전국에 때 아닌 스케이트장 붐도 일으켰다. 비슷한 개념의 스케이트장이 지난해 코엑스 광장 등을 비롯해 여러 곳에서 생겨났다. 스케이트장에 대한 반응은 기대 이상이었다. 당초 이듬해 2월 11일 문을 닫기로 했지만 28일까지 17일을 더 연장해서 운영할 정도였다.

기업 경영 마인드란 작은 부분에서 가능성을 찾고 긍정적으로 집착하는 정신이다. 거기에 적극적인 서비스 정신이 덧붙여진다면 금상첨화일 것이다.

특히 서비스는 애프터서비스(After service)보다 비포서비스(Before service)가 중요하다. 고객이 불만을 터뜨리고 무언가 요구를 해오기 전에 고객에게 먼저 다가가야 한다. 그래서 고객보다 먼저 고객의 요구를 파악해야 한다. 이것이 바로 우리 시대 경영 마인드의 핵심이다.

행정도 마찬가지다. 시민의 숨어 있는 필요를 읽어내고 이를 정책에 적극 반영하는 것이 행정의 새로운 패러다임이 되어야 한다.

서울광장 스케이트장의 문화적 가치를 환산하면 18억 원 정도였다. 하지만 이런 수치적인 가치보다 문화적·정서적인 결실은 더욱 컸다.

일단 겨울철에도 시민들이 서울광장을 찾도록 함으로써 광장 본래의 취지를 살릴 수 있었다. 또한 시민들에게 다가가려는 서울시의 서비스 정신을 잘 보여주는 예가 되었다. 또 다른 소중한 수확도 있었다.

그것은 시청 공무원들이 서울광장 스케이트장 건설을 계기로 기업 경영 마인드에 대해 다시 생각할 기회를 가졌다는 점이었다.

언론과 시민들의 호평이 이어지자 반대하던 간부진의 얼굴에도 어느새 밝은 표정이 떠올라 있었다. 실패를 걱정해서 아무것도 하지 않는 것보다는 긍정적이고 적극적인 마음으로 집착해보는 것이 큰 성과와 보람을 줄 수 있다는 것을 깨달았을 것이다.

'해야 하는 일'을 '하고 싶은 일'로 바꾸는 법

피터 드러커는 "효율적인 리더들은 무엇을 하고 싶은가라고 묻지 않고 무엇을 해야 하는가라고 묻는다"고 강조했다. 일의 효율성이란 목표가 달성되는 매 순간마다 "지금 무엇을 해야 하는가"라고 묻고, 그것을 진지하게 받아들여야만 성취된다는 것이다. 피터 드러커의 지적은 어찌 보면 리더에게만 해당되는 말은 아니다. 세상의 모든 사람에게 해당되는 보편적인 말에 가깝다.

사람은 누구나 '하고 싶은 일'과 '해야 하는 일' 사이의 괴리로 갈등을 겪는다. 그런 갈등을 흔히 현실과 이상, 혹은 현실과 욕망 사이의 갈등이라 부른다. 당연한 말이지만 '해야 하는 일'과 '하고 싶은 일'의 간격을 좁히고 그것을 일치시키는 사람일수록 삶을 충만하게 살아갈 수 있다.

반면 '해야 하는 일'과 '하고 싶은 일' 사이의 괴리가 클수록 삶은 고뇌로 가득 찰 것이다. 산다는 건 '하고 싶은 일'과 '해야 하는 일' 사이의 간격을 메우는 과정일지도 모른다.

그렇다면 CEO들이 해야만 하는 일은 무엇일까? 또한 그들이 하고 싶은 일은 무엇일까?

이런 질문은 물론 우문에 가깝다. CEO가 해야 할 일은 부지기수로 많다. 조직을 관리하고 미래를 예측하며 신사업을 구상하고 중요한 결정을 내리는 데만도 시간이 모자랄 것이다. 그리고 빠뜨릴 수 없는 한 가지가 또 있다. 바로 고객의 욕구를 알아내고, 충족시켜야 한다. 자신의 일을 사랑하는 CEO라면 고객의 욕구를 충족시키는 일에 많은 보람과 애정을 느낄 것이다.

실제로 대다수 기업 CEO들은 고객의 욕구에 긍정적인 집착을 갖고 있다. CEO는 고객이 지금 무엇을 필요로 하는가를 알기 위해 항상 촉각을 곤두세운다. 고객의 필요성에 부응하는 것이야말로 CEO의 기쁨이기 때문이다.

숭례문 개방과, 광화문에서 서울역에 이르는 보행 네트워크를 조성한 것은 시민들의 욕구에 적극 부응한 일이었다. 시민들은 사실 오래전부터 '걷고 싶은 거리'에 대한 바람을 꾸준히 피력했다. '걷고 싶은 거리'는 시대 변화에 따른 새로운 패러다임을 반영한 것이다. 바야흐로 차 중심에서 사람 중심으로, 효율과 기능 중심에서 문화와 환경 중심으로 시민들의 변화된 욕구를 보여주는 것이다.

이런 면에서 최초로 '걷고 싶은 거리' 운동을 주창한 사람들이 도시계획학자 등 개발 1세대 주역들이란 점은 시사하는 바가 크다. 초고속 압축성장 시대의 주역들이 인간과 환경, 문화와 생명이라는 잃어버린 가치의 소중함을 새삼 깨달은 것이기 때문이다. 이런 목소리들이 합쳐져서 자연스레 '걷고 싶은 거리' 조성은 설득력을 얻어갔고, 시민단체들 또한 자연스레 동참했던 것이다.

시장 입장에서도 그것은 미루고 피할 성질이 아니었다. 서울시장에겐 시민들이야말로 제1의 고객인 셈이다. 고객들이 걷고 싶은 거리를 갖고 싶다면, 시장에게 그것을 조성하는 일은 하나의 임무이다. 고객들의 요구가 있다면 어떠한 장애도 넘어서야 한다.

서울광장과 숭례문 개방, 그리고 광화문 횡단보도 조성과 보행 네트워크 설치 등은 도시학자들에게도 오랜 숙원이었다. 그런 숙원들이 성사되지 못한 것은 기존의 관료나 교통행정가들의 반대가 컸기 때문이다. 즉, 기존의 관료나 교통행정가들에게 도로는 차량을 위한 것이지 사람을 위한 게 아니었다.

일례로 광화문 횡단보도 조성은 아스팔트 위에 선을 긋는 간단한 작업이다. 일 자체는 어렵지 않다. 그런데도 횡단보도 조성 아이디어가 나와서 실제로 조성되기까지 2년이 넘는 시간이 걸렸다.

"광화문은 차량 교통량이 많은 곳이에요. 그런데 거기다가 횡단보도를 만들면 아마 서울역까지 차가 밀릴지도 모릅니다."

"지하도가 있는데 굳이 횡단보도를 위에다가 설치해야 합니까?"

관료나 행정가들, 그리고 경찰의 주장을 요약하자면 그런 것이었다. 사실 이러한 주장은 아스팔트처럼 단단하게 굳어진 사고였다. 이런 사고를 흔들기 위해서는 데이터를 동원한 과학적인 증거 제시가 중요하다. 시민들을 위한 일이고 과학적으로도 괜찮다는데 딴죽을 걸 수는 없다. 내가 사용한 방법은 시뮬레이션을 통한 실험이었다.

광화문 횡단보도와 숭례문 개방을 위해 몇 차례의 시뮬레이션이 실시되었다. 계획대로 했을 때 교통이 얼마나 혼잡스러울지 알아보기 위한 것이었다. 시뮬레이션의 결과는 의외였다. 커다란 혼란은 없는 것으로 나타났다.

그런 결과가 나왔는데도 반대론자들은 고개를 갸웃거렸다. 굳이 그것을 꼭 해야 하는 이유가 무엇이냐는 반문도 던졌다. 그들이 그런 반응을 보인 이유는 명확했다. 시대의 변화를 따라가지 못하고 개발 시대의 패러다임에 여전히 머물러 있기 때문이었다. 혹은 행정 편의주의에 빠져 있기 때문이었다. 사람 중심, 환경 중심, 문화 중심의 새로운 서울을 만들기 위해서는 그들과 싸우지 않을 수 없었다.

서울 광화문 사거리에 횡단보도가 생긴 것은 2005년 4월이다. 교보문고와 동아일보 사이에 처음 횡단보도가 생긴 게 민선 2기 때였다. 그러니까 횡단보도 1개가 4개로 되는 데에만 몇 년의 세월이 흐른 것이다.

숭례문 개방 또한 매우 뜻 깊은 일이었다. 오랜 세월 동안 숭례문은 어느 누구에게도 접근을 허락하지 않았다. 시민들은 국보 1호라는 숭례문 앞에서 사진 한 장 찍을 수 없었다. 차도로만 둘러싸여 있던 숭례문이 근 1세기 만에 다시 시민들의 품으로 돌아온 것이다. 시민들도 조선 시대부터 서울의 관문이었던 숭례문의 귀환을 열렬히 환영해주었다.

서울역에서 숭례문 광장을 거쳐 시청 앞 광장과 광화문에 이르는 보행자 거리는 이제 서울의 대표적인 문화 상품이 되었다. 그것은 서울이 개발 시대의 어두운 잿빛 이미지를 벗어던지고 새롭게 변신하고 있음을 보여주는 또 다른 상징물이다.

변화를 시작한 주역이 시민들이라면, 변화를 잘 마무리한 것은 서울시였다. 시민의 욕구에 대한 긍정적인 집착이 소중한 결실로 나타났던 것이다.

3
용기

'과감히' 시작하라

결단의 딜레마

우리는 늘 결단의 순간에 부딪힌다.

올바른 결단을 위해 문제를 심사숙고해야겠지만 시기를 놓치지 않는 과감한 결단도 중요하다. 문제를 단순화시키고 이를 올바르게, 그리고 과감하게 결단하는 의사결정 능력이야말로 우리에게 필요한 가장 중요한 능력 중 하나다.

기업에서도 이 같은 판단력과 추진력을 요구하는 일들이 점점 많아지고 있다. 기업의 주주와 이사진이 보다 유능한 CEO를 스카우트하려 혈안인 것도, 고액의 연봉을 받는 스타 CEO들이 탄생하는 것도 이런 환경의 영향이 크다.

CEO가 결단을 내려야 할 일들은 한두 가지가 아니다. 새로운 사업을 할 것이냐, 말 것이냐? 새로 구성하는 팀의 적임자를 누구에게 맡길 것이냐? 성과가 안 좋은 사업 부서를 좀 더 두고 볼 것이냐, 정리할 것이냐? 기술 개발을 A업체와 함께 할 것이냐, B업체와 함께 할 것이냐?

CEO에게 결단은 흔한 일상이다. 그런데도 판단을 내리기 어려운 일들이 간혹 있다. 자신을 보좌하는 참모진이 반대하는 사안이라면 더욱 그렇다.

내게도 그런 일이 있었다. 특히 시청 신청사 건립 계획을 세우는 것이 그런 어려운 결단에 속했다. 청계천 복원이나 대중교통 혁신과 같이 대외적으로 중차대한 사업들은 오히려 결단이 쉬웠다. 일을 해나가는 과정에서 부딪힌 장애물은 험난했지만 그 사업을 해야 할 당위와 명분이 뚜렷했기 때문이다.

그러나 신청사 건립은 성격이 조금 다른 문제였다. 그것은 시민의 입장에선 별로 달갑지 않은 사업이었다.

그동안 시민들이 체감할 정도로 공무원의 서비스 마인드가 향상된 것은 분명 사실이다. 그런데도 공무원에 대한 시민들의 호감도는 여전히 높지 않은 편이다. 시청이 신청사를 건립한다고 발표하면 비난 여론이 일 게 틀림없었다.

"그러면 그렇지! 다른 할 일도 허다한데 저희들이 살 집부터 짓는구먼."

역대 시 정부에서도 신청사 건립 계획을 검토하긴 했다. 그러나 매번 정치적인 부담 때문에 흐지부지되었던 것이다.

신청사 건립이 어려운 데에는 다른 이유도 있다. 시청 건물이 있는 태평로1가는 서울의 중심부이다. 시청이 서울의 중심부에 있는 것은 그것 자체로 대단히 큰 상징성을 갖는다. 그런데 역대 시 정부에서는 시청 건물이 비좁다는 이유로 시청 건물 전체를 이전하는 계획을 세웠다. 서초동 대법원 청사나 여의도, 뚝섬, 용산의 미8군 기지 등이 그동안 거론되던 신청사 부지였다.

　현재의 시청 건물은 한마디로 포화 상태이다. 시 정부의 규모를 생각하면 이전이 마땅했다.

　그러나 태평로를 포기하고 다른 곳으로 이전한다면, 현재 시청 건물의 상징성을 포기해야 하는 것이다. 나가자니 상징성이 아쉽고, 그대로 있자니 너무 비좁다는 딜레마가 벌써 몇십 년째 계속되고 있는 것이다.

　시청의 공무원들 입장에서도 신청사 건립은 절박한 문제였다. 시정을 꾸려나가기에는 시청 건물이 너무 비좁아 업무 차질로 이어질 수 있었다. 그러니까 신청사 건립은 누군가 총대를 메고 해결해야만 할 일이었다.

　사실 시장에 처음 취임했을 때에 나 또한 신청사 건립에 부정적이었다. 청계천, 대중교통 혁신, 서울숲, 뉴타운 등 서울시가 할 일은 산더미 같았다. 신청사 건립은 순위에서 겨우 끄트머리에나 있을 법한 일이었다.

　생각이 바뀐 것은 시장 업무를 본격적으로 수행하면서부터다. 현재 시청의 각 부서들은 본청 건물에만 들어갈 수 없어 이곳저곳 흩어져 있는 상태다. 국장들이 회의를 하기 위해 왔다 갔다 하는 시간만도 상당히 걸린다. 일을 진행하는 데에 비효율적인 면이 생각보다 큰 것이다. 시간이 지날수록 이런 현상은 심화될 게 틀림없었다. 신청사는 공무원들만이 아니라 시민들을 위해서라도 꼭 필요한 부분이었다.

"이곳저곳 용역 줘서 새로 검토하지 말고 기존에 검토했던 자료들을 갖고 장단점을 한번 비교해봅시다."

나는 담당 간부에게 타당성 검토를 맡겼다. 새로 용역을 줘서 예산을 쓰느니 기존 자료를 활용하는 게 나을 것 같아서였다.

이어서 타당성 검토와 전문가의 의견 수렴과 공청회가 진행되었다. 그리고 현재의 시청 자리에 신청사를 짓기로 최종적인 결론이 났다. 나는 이왕 결론이 났다면 임기 중에 착공을 하도록 지시했다.

그런데 착공식 날짜가 잡힌 뒤의 어느 날이다. 참모진 가운데 몇 명이 내게 말하는 것이었다.

"시장님을 악의적으로 비난하는 사람들은 지금도 무슨 '꺼리'가 없나 혈안입니다. 만약 신청사 착공식이 열리면 그들은 역시 시장님은 건설회사 출신이라 뭔가를 짓고 부수기만 한다고 비난할 게 틀림없습니다. 그러니까 시장님은 그냥 신청사를 짓는 걸로 결정만 내리시고, 착공식은 미루는 게 어떻습니까?"

"시민들은 관료에 대해 여전히 부정적입니다. 이번 착공식은 자기들 집을 넓힌다는 부정적인 생각을 더욱 확산시킬 것입니다. 시장님한테도 마이너스입니다. 그러니 착공식이라도 임기가 끝난 뒤에 하시지요."

그들은 진심으로 나를 생각해주고 있었다. 그러나 내 생각은 조금 달랐다.

"내가 공무원들에게 일은 예전보다 몇 배나 많이 시키고 효율을 내라고 강조하지 않았습니까. 신청사 건립은 공무원들이 효율을 내기 위해 꼭 필요한 부분입니다. 역대 시장들마다 몇십 년간 서로 눈치를 보면서 미뤄둔 일이기도 하고요. 이명박 시장도 결국엔 자기 인기 관리만 생각해서 발을 빼더라는 소리를 듣고 싶진 않습니다."

나는 결심을 철회할 생각이 없었다. 업무의 비효율적인 부분을 없애라고 강조하면서 비효율적인 공간을 그대로 방치하는 것은 말이 안 되었다. 더욱이 신청사 건립은 서울시 공무원들만을 위하는 게 아니었다. 장기적으로는 시민을 위한 행정 서비스를 펼치기 위함이었다.

신청사 건립 문제는 내게 결단의 어려움과 그것을 해결하는 지혜를 동시에 요구했다. 판단이 어려울수록 주변 여건이나 정치적인 요소가 아닌 문제 자체에 집중해야 한다는 것이다. 문제 자체에 집중한다면, 결단은 의외로 쉬울 수 있다.

신청사 건립에서의 인기 관리나 악의적인 해석은 결국 주변적인 요소일 뿐이다. 정말 내가 생각해야 할 것은 바로 신청사 자체의 필요성과 당위성이었다.

시대 정신을 공유하라

　결단을 내리고 이를 과감히 실행하기 위해서 명확한 비전을 가지고 있어야 한다. 이것은 결단을 내리는 것 못지않게 중요한 일이다.

　여기서 중요한 것은 비전이 반드시 그 시대의 패러다임을 반영해야 한다는 점이다. 시대적 요구를 반영하지 못하는 비전은 어느 누구의 참여와 열정도 끌어낼 수 없다. 이를 위해서라도 냉철한 눈으로 그 시대를 파악하고 있어야 한다.

　또한 리더는 구성원들과 비전을 공유해야 한다. 성공하는 리더십은 다른 게 아니다. 바로 구성원들로 하여금 비전에 열정적으로 헌신하게 만드는 능력이다. 그러기 위해서는 구성원들이 리더의 목표를 자신의 목표로 여기도록 만들어야 한다. 구성원이 목표를 공유하는 조직과 목표를 공유하지 못하는 조직, 그 둘 사이에는 엄청난 차이가 있을 것이다.

　뚝섬 부지에 생태 숲인 '서울숲'을 조성한 일은 시대적 패러다임을 반영한 것이었다. 원래 뚝섬은 대규모 개발 계획이 잡혀 있던 개발 예정 부지였다. 그동안 검토된 개발 계획만도 시청사 건립을 비롯해 야구 돔구장, 문화관광타운, 차이나타운 등 굵직굵직한 것들 일색이었다.

　하지만 나는 시장에 부임한 뒤에 기존의 개발 계획들을 모두 백지 상태로 돌렸다. 원점에서 다시 생각하기 위해서였다.

　'대규모 상업지구로 개발하는 것이 시대의 패러다임에 합당한 것인가?'

이 같은 의문이 머리를 훑고 지나갔다. 서울이 세계 일류 도시가 되려면 환경과 문화 인프라를 구축하고, 그것이 시민들의 삶에 깊이 뿌리내릴 수 있도록 네트워크를 구축하는 일이 무엇보다 필요했다. 그런데 버려진 땅이라고 해서 무조건 대규모 개발 계획을 세운다는 발상이 안일해 보였다.

기존의 개발 계획을 철회하고 새롭게 구상한 것이 바로 생태 공원인 '서울숲'이었다.

반대가 없을 리 없었다.

"기존 계획대로 뚝섬 일대를 상업용지로 매각하면 최소 5조 원은 확보될 텐데, 그걸 포기하시겠다는 겁니까?"

내 스스로 이미 결론을 내린 문제였다. 그럼에도 막상 질문을 받자 마음이 흔들렸다. 5조 원이라면 쉽게 무시할 수만은 없는 금액이 아닌가. 나는 원점에서 다시 한 번 고민해보기로 했다.

'뚝섬 부지를 어떤 용도로 활용할 것인가?'

이것은 결코 양립할 수 없는 선택의 문제였다. 인생을 살다보면 둘 중 하나를 선택해야 하는 상황이 종종 발생한다. '뚝섬 부지에 무엇을 만들 것이냐?' 하는 문제야말로 그런 경우였다.

'경제적인 가치를 취하느냐, 아니면 환경적인 가치를 취하느냐?'

두 가지 모두를 취할 수 있다면 좋겠지만 역시 그게 가능할 것 같지는 않았다. 결국 나는 그곳에 친환경적 생태 숲을 건설하기로 최종 결단을 내렸다.

"서울이 세계 일류 도시로 성장하기 위해서는 단순히 기능성과 효율성만 뛰어난 도시여선 안 됩니다. 덧붙여 인간의 체취를 느낄 수 있고, 서울만의 고유한 문화가 살아 있는 도시가 되어야 합니다. 그러기 위해서라도 시급한 건 상업적인 개발이 아니라 친환경적이고 생태적이며, 문화적인 인프라를 구축하는 일입니다."

나는 왜 생태공원을 조성해야 하는지에 대해 공무원들에게 역설했다. 뚝섬 생태공원은 서울시민들의 삶의 질을 높일 수 있는 좋은 기회였다. 지역 주민들 입장에서도 단기적으로는 손해겠지만 장기적으로는 훨씬 이익이 될 것이라 예상했다.

뚝섬이 있는 서울 동북부 지역은 삶의 질이라는 측면에서 낙후된 지역이었다. 뚝섬 생태 숲은 낙후된 지역을 친환경적 공간으로 새롭게 변화시킬 것이고 그 혜택은 일차적으로 주민들에게 고스란히 돌아갈 것이었다.

서울이 세계적인 도시가 되기 위해서라도 친환경적 녹지 공간은 반드시 필요했다. 통계에 따르면 2004년 서울의 1인당 생활녹지 면적은 1.5평에 불과했다. 이는 동경이나 런던, 싱가폴, 파리, 뉴욕 등의 세계 일류 대도시들의 녹지 공간 비율보다 훨씬 낮은 수치였다.

서울시는 최종 결단을 내리고 '서울숲 건설 계획'에 들어갔다.

"서울숲을 다른 공원과 어떻게 차별화시켜야 할까요?"

뚝섬 공원화 계획이 확정된 뒤에 새롭게 제기된 문제였다. 나와 관계 공무원, 전문가들 모두 함께 공원의 성격에 대해 고민에 고민을 거듭했다.

"장대한 아름드리 나무들이 자라는 울울창창 우거진 숲과 맑은 물이 흐르는 연못, 그리고 그 주변의 넓고 평화로운 잔디밭에서 가족들이 함께 뛰어놀 수 있는 환경 친화적 생태공원이면 좋을 것 같습니다."

얼마 뒤에 담당 국장이 자신의 구상을 밝혔다. 이런저런 제안들 가운데에 그의 구상이 가장 돋보였다. 특히 별다른 시설을 설치하지 않고, 자연생태 위주의 숲을 만들겠다는 점이 마음을 끌어당겼다.

그동안 우리나라 사람들에게 휴식 공원은 대다수가 시설 위주의 공원을 의미했다. 북적대는 곳에서 놀이기구를 타고, 허겁지겁 뭔가를 먹고, 줄을 서서 관람을 기다려야 하는 그런 곳이었다. 하지만 이제 공원도 발상의 전환을 꾀할 필요가 있었다. 먹고, 놀고, 마시는 공원이 아니라 머리를 비우고, 마음을 채우며 편안하게 쉴 수 있는 공원이어야 했다.

뚝섬 공원 기획 단계에서 이름과 설계도 등을 대대적으로 공모했다. 시민들의 참여를 유도하고 붐을 조성하기 위해서였다. 시민들의 호응을 유발해 일종의 축제 분위기를 이끌어낼 생각이었다.

그러나 우선 해결해야 할 문제가 산더미처럼 많았다. 먼저 뚝섬 지역에 있는 고물상과 레미콘 공장 등의 보상 문제를 해결해야 했다. 그리고 상업지역 계획이 무산된 데에 따른 주변 시민들의 반발도 문제였다.

건설 과정의 어려움도 있었다. 공원 예정지가 그곳을 가로지르는 도로로 인해 네 구역으로 나누어져 있었는데 그 중 한 지역은 그때껏 땅이 썩어가는 유실지였다.

공사 기간을 단축해 시민들에게 하루라도 빨리 공원을 돌려주어야 한다는 부담감도 컸다. 이런 모든 일을 신속하게 추진하려면 추진 주체를 구성하는 게 무엇보다 시급했다.

나는 서울숲 추진단장을 임명하고, 서울숲 추진 태스크포스 팀을 구성했다. 이 팀이 장차 서울의 녹지 정책을 총괄할 푸른도시국의 모태였다. 나는 추진팀의 진행 상황을 수시로 체크하고 경과 보고를 받았다. 태스크포스 팀이 구성되자 일이 탄력을 받기 시작했다.

보상 문제의 경우에는 담당자들이 그 지역 고물상들과 레미콘 공장을 일일이 돌아다니며 직접 일 대 일로 설득했다. 보상 문제는 이미 청계천 복원 과정에서도 숱하게 부딪힌 문제였다. 그때의 경험을 살려 좀 더 수월하게 일을 마무리 지을 수 있었다.

주민 보상 문제에서 몇 차례 완강한 반대에 부딪혔다.

"이게 어디 서울시와 시장을 위한 사사로운 개발입니까? 서울시민 전체를 위한 친환경적인 개발 아닙니까?"

그때마다 서울시의 논리는 이처럼 명쾌했다.

"주민 여러분, 한번 생각해보세요. 뚝섬이 생기면 이곳 일대는 서울 북동부의 유일한 공원을 갖춘 지역이 되는 겁니다. 그러면 여러분이 그러지 말라고 말려도 집값은 상승할 겁니다."

담당 공무원이 공청회에서 반대하는 지역 주민들에게 했던 말이다. 사실이 그럴 것이었다. 주변 환경이 호감을 준다면 집값 상승은 자연스러운 일이었다.

한편, 공원 지역이 도로로 네 등분 되어 시민들이 차도를 건너면서 사고가 생길 가능성이 있었다. 하지만 그것은 보행 육교를 설치해 해결하기로 했다. 차도를 건너지 않아도 누구나 공원으로 들어갈 수 있게 설계한 것이다. 그리고 두 개의 회사가 구간을 나누어 공사하게 함으로써 공사 기간을 단축할 수 있게 했다.

'서울숲'이 생김으로써 서울은 비로소 환경 친화적 도시로서의 모양새를 갖추게 되었다. 광화문에서부터 청계천과 중랑천을 거쳐 뚝섬에 이르는 그린 네트워크가 완성된 것이다.

서울숲의 성공에는 여러 가지 요인이 있다. 그 중 가장 큰 성공 요인은 시대의 흐름을 반영했다는 점이다. 시대의 흐름을 무시한 비전으로는 장기적인 전망을 할 수 없으며 조직 구성원들은 물론 시민들, 그리고 자기 자신조차 납득시킬 수 없다. 그런 비전은 한마디로 허상에 불과한 것이다.

4

추진력

. . .

역발상에서 돌파구를 찾다

불경기일수록 밤을 밝힌다?

도전이 실패로 끝나지 않기 위해 갖춰야 할 중요한 자질 중의 하나는 추진력이다.

우리는 중요한 순간마다 결정을 내리고 실천에 옮긴다. 한 조직의 리더라면 때로는 어려운 상황에서도 앞장서서 어려움을 뚫고 나아가야 한다.

그렇다고 해서 추진력이 곧 카리스마를 말하는 것은 아니다. 추진력과 카리스마는 엄연히 다른 것이기 때문이다. 존경받는 사업가나 정치인들 중에는 카리스마 없이도 조직을 잘 이끄는 사람들도 있다. 훌륭한 리더라고 해서 모두가 다 카리스마를 갖춘 것은 아니다. 카리스마의 유무는 개인적인 성격과 스타일의 문제일 뿐이다.

추진력을 발휘하는 데엔 카리스마보다 오히려 유연한 사고방식이 필요하다. 추진력이란 일이 순조롭게 진행될 때보다 난관에 부딪혔을 때에 필요한 자질이다.

그런 순간에 상황에 매몰되어 있으면 해결책을 찾기가 더욱 어렵다. 경직된 사고로는 상황에 점점 더 매몰되기만 할 뿐이다. 이럴 때에 유연한 사고를 하는 리더라면 발상의 전환으로 새로운 돌파구를 만들어낸다. 난관에 부딪혔을 때일수록 유연한 사고방식이 위력을 발휘한다.

나는 언젠가 불경기일수록 밤을 환하게 밝혀야 한다고 주장한 적이 있다. 내 주장은 당시에도 많은 화제를 불러일으켰다. 동조하는 사람보다 고개를 갸웃거리거나 반대하는 사람이 훨씬 많았다.

"유가는 치솟고, 서민들의 체감 물가는 통계 수치보다 훨씬 높습니다. 각 언론마다 기름값, 전기세를 아껴야 한다고 캠페인을 벌이는 판에 밤을 환하게 밝히자고 하는 건 조금 무리한 주장 같습니다."

누군가가 내게 반문할 때면 나는 이렇게 답했다.

"우리 사회에는 각양각색의 사람들이 모여 살고 있습니다. 각자 업종이 다르고 주변 환경도 다릅니다. 그런데 에너지를 절약하라고 해서 호프집 주인이나 목욕탕 주인이 다른 사람과 똑같이 밤에 호프집과 목욕탕을 안 할 순 없는 겁니다. 그러니까 내 말은 나라에서 무조건 일률적으로 아끼라고만 할 게 아니라 좀 더 자율적이면서도 실효성이 있는 방법을 모색해야 한다는 겁니다."

불경기에 에너지를 아껴야 한다는 생각은 사람들의 오래된 고정관념일 뿐이다. 유가가 인상되면 에너지 절약을 외치며 나라에서 일률적으로 가로등을 껐던 시절이 있었다.

정부에서는 야간업소들에게 야간 조명을 자제하도록 요청하기도 했다. 그 바람에 밤에 돈을 벌어야 하는 업종에 종사하는 사람들만 된서리를 맞았다. 물론 이 방법이 효과적인 시절이 있었다.

지금도 개인의 입장에서 본다면 이 방법이 유리하다. 자동차에 들어가는 기름은 물론 전기와 수돗물 한 방울도 아끼면 가정 경제에 도움이 될 것이다. 그러나 한 나라와 도시 전체를 경영하는 입장이라면 시각을 달리해야 한다.

불경기라고 해서 모든 것을 아끼라고만 한다면, 과거에나 통용되던 경직된 사고방식을 고수하는 꼴이다. 정부가 그런 분위기를 만들수록 시민들은 주머니를 꼭꼭 여미고 열지 않을 것이다. 시장에 자금이 돌지 않는다면 경기 침체는 자연히 장기화된다.

이제는 우리나라의 상황이 많이 바뀌었다. 우리나라는 1년에 약 600만 명의 관광객이 다녀가는 관광 대국이다. 그런데 전기를 아낀다는 취지로 밤거리의 조명을 다 꺼버리면 우리나라를 찾은 외국인들에게 얼마나 썰렁한 인상을 줄 것인가. 우리나라에 투자하기를 고려하는 외국인 투자자들이나 기업가들에게도 좋은 인상을 주지 못할 것은 당연하다.

불경기일수록 경제활동에 영향을 줄 수 있는 부분이라면 오히려 투자를 늘려야 한다. 밤의 경관을 화려하게 만들어 얻을 수 있는 효과는 크다. 먼저 위축된 시민들의 기를 살려줄 수 있다. 화려한 조명은 도시를 활기차게 만들고, 시민들에게 활력을 불어넣을 것이다.

또한 외국인 관광객이나 투자자들에게도 긍정적인 인상을 줄 것이다. 서울과 경쟁하고 있는 세계 일류 도시들도 현란하고 화려한 밤 풍경을 자랑한다.

예술의 도시 파리는 크리스마스를 한 달 앞둔 시점부터 온갖 조명으로 치장을 한다. 연말의 파리 밤거리는 화려하다 못해 농염하기까지 하다. 뉴욕, 도쿄, 런던, 홍콩과 싱가폴, 상하이 모두 화려한 밤 풍경에 한껏 신경을 쓴다. 그 도시들이 밤에 불을 밝히는 이유는 명확하다. 그렇게 해야만 더욱 많은 관광객과 투자자를 끌어들이고 도시의 위상을 높일 수 있기 때문이다.

서울시도 몇 년 전부터 밤 풍경을 새롭게 디자인하고 있다. 일례로 서울시가 관리하고 있는 21개 한강 다리 가운데 2004년에만 모두 6개 다리에 야간 조명이 새로 설치되었다. 강변북로 천호대교에서 구리시 경계 구간과, 미아리 구름다리, 선유교에도 아름다운 야간 조명이 빛을 내뿜고 있다. 4대문 안 야간 경관은 서울의 상징성을 살리는 데에 초점을 맞추었다. 세종로에만 있던 야간 조명을 숭례문까지 연장했고, 복원된 청계천 일대의 조명도 특색 있게 꾸몄다.

특히 서울광장과 청계광장에 설치된 루미나리에(빛의 축제)는 겨울 내내 시민들과 외국 관광객들의 눈길을 붙잡았다. 볼거리도 볼거리지만 서울의 이미지를 밝게 하는 데에도 상당 부분 기여하고 있다. 이처럼 발상의 전환이 위기를 이겨내는 또 다른 원동력이 될 수 있다.

고정관념과 이별하라

민선 3기 서울시의 시정 목표 가운데 하나가 '문화 서울 창조'이다. '문화 서울 창조'는 매우 중요한 비전이다. 궁극적으로 '사람을 사람답게 하고 삶을 풍요롭게 하는 것'이 바로 문화이기 때문이다.

그런데 '문화'라는 말처럼 광범위하게 사용되는 개념도 사실 드물다. 거의 모든 분야에 문화라는 개념이 동원된다. 경영 문화, 정치 문화, 생활 문화, 조직 문화, 술자리 문화, 심지어 고스톱 문화라는 말도 있다. 문화라는 개념이 그만큼 광범위하기 때문이다.

'문화 서울 창조' 역시 광범위하고 장기적인 목표라는 의미로 해석할 수 있다. 즉, '문화 서울 창조'는 어느 한순간 후다닥 해치우고 끝내는 단기적인 공사나 사업이 아니다. 오랜 시일을 두고 조금씩 다져나갈 가치이자 목표인 것이다.

서울시립교향악단을 독립법인으로 만들고 세계적인 지휘자 정명훈 씨에게 지휘봉을 맡긴 것도 장기적인 안목에서 서울의 문화적 인프라를 구축하자는 의지였다. 교향악단은 한 도시의 문화적 수준을 가늠하는 중요한 척도이다. 뉴욕 필, 빈 필, 베를린 필 등의 세계적인 교향악단들은 그 도시의 문화 수준을 높이는 데에 많은 기여를 해왔다.

그에 반해 서울시립교향악단은 시민들조차 외면할 정도로 낮은 수준을 벗어나지 못하고 있었다. 나는 이제 서울도 세계 수준에 걸맞은 교향악단을 가질 때가 되었다고 생각했다.

"죽기 전에 한국의 오케스트라가 세계 일류가 되는 데에 도움을 주고 싶다는 바람을 갖고 있습니다."

나는 언젠가 정명훈 씨가 했던 말을 떠올렸다. 정명훈 씨가 서울시립교향악단의 지휘봉을 잡은 데에는 이처럼 서로 간의 공감대가 있었기 때문이다.

"세계 수준의 오케스트라를 만들기 위해선 꾸준한 지원과 시간이 필요합니다. 하지만 새 콘서트홀이 개관될 2009년까지는 서울시향의 수준을 어느 정도까지 올려놓을 것입니다."

새 출발 하는 서울시향 기념 콘서트에서 정명훈 씨는 취임 소감을 그렇게 밝혔다.

정명훈 씨의 영입은 서울시향을 세계적인 수준으로 만들기 위해 반드시 필요한 일이었다.

세계적인 오케스트라를 만들기 위해선 3가지 요소가 필요하다고 한다. 첫째는 훌륭한 지휘자이고, 둘째가 단원들 개개인의 높은 연주 수준, 그리고 마지막이 꾸준하고 지속적인 지원이다.

정명훈 씨가 취임함으로써 서울시향은 일단 첫 번째 요건을 갖추었다. 오디션을 통해 단원들을 선발하고 대우를 획기적으로 개선함으로써 두 번째 요건도 토대를 갖추었다. 하지만 세 번째 요소는 정명훈 씨나 단원들이 할 수 있는 부분이 아니다. 그것이야말로 시정부가 해야 할 부분이다. 나는 이 점에 대해서도 정명훈 씨에게 자신 있게 말했다.

"항간에서는 시장이 바뀌면 시향에 대한 지원도 끊길 것이라는 말이 있는 것 같습니다. 하지만 제가 임기를 마치고 그만두더라도 최대한 지원이 되도록 노력할 것입니다."

우리는 힘 있는 악수로써 서로 간의 신뢰를 확인했다.

나는 지속적인 지원과 함께 서울시향 전용 콘서트홀을 약속했다. 전용 콘서트홀도 없이 수준을 높이라고 요구할 순 없는 노릇이기 때문이었다. 그렇게 해서 서울도 세계적 수준의 오케스트라를 가질 초석을 다지게 되었다.

그렇다고 당장 세계적 수준의 오케스트라가 나오리라고 생각하지는 않는다. 모든 시민이 꾸준한 관심과 애정으로 지켜보고 기다려야 할 것이다. 시민들과의 거리를 좁히는 일은 그런 면에서 무척 중요한 일이다.

새로운 서울시향은 클래식 음악의 문턱을 낮추는 데 적극적이었다. 그리고 시민의 문화적 욕구를 충족시키고 감상 수준을 높이는 방식도 꽤 구체적이었다. 두 번에 걸쳐 실시한 서울광장 음악회와 '찾아가는 콘서트'가 대표적인 예이다. 이들 콘서트는 서울시향의 변신을 보여주는 좋은 사례로 기억될 만하다.

2005년 8월 15일 광복 60주년 서울광장 음악회를 개최하기로 결정하는 과정에도 약간의 진통은 있었다.

"야외에서 클래식 음악회를 개최한다면, 과연 시민들이 제대로 음악 감상을 할 수 있을지 의심스럽네요."

"클래식 음악이 소수 계층의 전유물이라는 인식을 바꿀 수 있는 좋은 기회이기도 합니다."

"센세이셔널리즘으로 오해받을 수도 있습니다. 더욱이 교통과 소음 때문에 음악회가 제대로 열릴 수 있을지 걱정입니다."

"한 명의 시민이라도 더 클래식 음악을 접할 수 있다면 할 만한 가치가 있는 일 아닌가요?"

나는 결정을 내리기 전에 정명훈 씨의 의견을 듣기로 했다.

"멀고 어렵게 느껴지는 클래식 음악과 시민들을 친숙하게 연결해줄 수 있는 좋은 기회가 될 수 있겠습니다."

그의 흔쾌한 반응에 더 망설일 이유가 없었다.

시민들의 호응은 기대 이상이었다. 3600장의 태극기로 시청 건물을 뒤덮은 서울광장 무대에서 열린 광복 60주년 기념 공연은 감동 그 자체였다. 손자들의 손을 붙잡고 나온 독립군 출신의 할아버지에서부터 신혼부부와 젊은 연인들, 공연 감상 숙제를 하러 나온 학생들에 이르기까지 서울광장 무대는 남녀노소를 뛰어넘는 축제의 장이 되었다.

정명훈의 지휘와 서울시향의 연주, 그리고 그것에 흠뻑 빠져드는 시민들을 지켜보던 어느 순간, 내 가슴에도 벅찬 감정이 차올랐다.

'사람들의 마음을 한순간 하나로 만들 수 있다니! 문화의 힘은 그만큼 크다.'

내가 새삼 깨달은 교훈은 그런 것이었다. 마지막 곡인 〈코리아판타지〉가 끝났을 때, 나는 감격에 겨워 정명훈 지휘자를 얼싸안고 말았다.

'찾아가는 콘서트'도 서울시민들에게 가까이 다가서려는 서울시향의 달라진 모습을 보여주었다. 시민들에게는 클래식 음악의 문턱을 낮춰주었고 시향 단원들에게는 연주 훈련이라는 일석이조의 효과가 있었다.

'찾아가는 콘서트'는 클래식 음악을 들을 기회가 없는 문화 소외 지역에 서울시향이 직접 찾아가 전석 무료로 공연하는 것이다. 중랑구, 은평구, 구로구 등에서 개최한 공연에 시민들의 반응은 가히 폭발적이었다. 모든 공연의 좌석이 매진되었고, 시민들은 예비좌석도 모자라 심지어 입석으로 서서 공연을 관람했다고 하니 말이다.

시민들의 폭발적인 호응에 힘입어 '찾아가는 콘서트'는 앞으로도 계속될 예정이며, 2005년 4월부터는 지방 공연도 시작한 상태이다.

'우리 시민들의 문화적 수준이나 욕구가 이 정도로 높았구나. 시민들은 지금까지 기회가 없고, 접할 수 없어 그것을 향유하지 못했을 뿐이었다.'

'서울광장 콘서트'와 '찾아가는 콘서트'의 성공이 내게 준 깨달음이었다.

나는 틈날 때마다 CEO 시장론과 기업 마인드를 역설해왔다. 내가 CEO 시장론을 강조한 것은 단지 현대건설에서 15년간 CEO를 역임했기 때문이 아니다. 그보다는 CEO형 지도자가 세계적인 흐름이라고 생각했기 때문이다.

국가 지도자의 경우만 봐도 그렇다. 이제 국가 지도자는 통치가 아닌 경영의 관점에서 파악해야 한다. 과거 냉전 시대의 지도자들은 주로 이념과 국방에 대해 관심이 많았다. 전 세계가 자유민주주의 국가와 공산주의 국가로 갈라져 이념의 대립각을 세우고 있었기 때문이다. 하지만 사회주의 체제가 무너지면서 이념의 대립은 어느덧 끝이 났다.

21세기에 들어 국가가 고민해야 할 과제는 이제 '체제 밖에 있는 이념의 적을 어떻게 물리칠 것이냐?'가 아니라 '체제 안에 있는 우리 국민을 어떻게 행복하게 해줄 것이냐?'가 되었다.

2005년에 성공적으로 끝난 부산 APEC 정상회의에서도 '조류 독감을 어떻게 예방할 것인가?'라는 의제가 논의된 바 있다. 그것은 '모든 나라가 자국민의 건강을 어떻게 책임질 것이냐?'를 의논한 것으로 국민 건강과 행복을 최고의 가치로 추구하고 있음을 의미한다. 고객 만족을 위해 최선을 다해 노력한다는 CEO의 자세와 닿아 있다.

비단 국가의 지도자만 그래야 한다는 게 아니다. 대학교 총장이나 지방 군수나 동사무소 동장도 CEO 마인드를 가져야만 한다. 아니, 이 시대를 살아가는 사람은 모두 CEO 마인드로 무장한 CEO형 인간이 되어야 한다. 모든 분야에 경쟁의 룰이 도입되고, 그것은 곧 전 세계적인 경쟁을 의미한다. 그리고 이것은 거역할 수 없는 시대적 흐름이다.

그렇다면 CEO형 인간이란 어떤 유형의 사람을 말하는가? 어려운 순간에도 좌절하지 않고 추진력을 발휘해 돌파구를 마련하는 사람이다. 경직된 사고방식이 아닌 유연하고 열린 사고방식으로 어려움을 극복하는 사람이다. 더불어 추상적인 목표에 사로잡히지 않고, 실현 가능한 목표를 실천하는 사람이다.

"클래식 공연을 어떻게 야외에서 할 수 있느냐?"

"클래식 연주를 구청 강당에서 할 수는 없는 일이 아니냐?"

서울시와 시립교향악단이 이런 고정관념에 머물렀다면 어땠을까? 광복 60주년 기념 공연의 감동은 꿈꿀 수도 없었을 것이다. 또한 문화적으로 열악한 지역의 주민들은 여전히 클래식 음악을 접하지 못했을 것이다.

5

위기 돌파

·
·
·

타협보다는 해법

어려울수록 빛나는 '원칙'의 힘

"시장과 기업체 CEO, 둘 중 어느 게 더 어렵습니까?"

시장으로 부임한 뒤에 종종 받는 질문이다. 이런 질문을 받을 때마다 내 대답은 다음과 같다.

"기업의 CEO나 시장이나 성격이 다를 뿐 역할은 크게 다르지 않아요. 다만 기업의 CEO는 돈을 벌어야 하는 데에 반해 시장은 돈을 쓰기만 하면 되니까 시장이 더 쉬운 것도 같습니다."

나는 농담 반 진담 반으로 그렇게 말한다. 기업 CEO나 시장이나 모두 나름의 고충이 있다. 그리고 어떤 면에서는 둘 사이에 차이가 별로 없다. 내가 기업 마인드를 행정에 접목시키는 것을 목표로 했기에 더욱 그랬을지 모른다.

군이 비교하자면 "회사의 이익을 생각하느냐, 공익을 생각하느냐?"의 차이일 뿐이다. 기업의 CEO는 이익 창출에 우선적인 가치를 둔다. 반면 시장은 시민 개개인 삶의 질에 우선적 가치를 둔다.

시장이 된 후 달라진 점이라면 어떤 사안에 대해 공익적인 면에서 바라보고 판단하는 것이다. 그러나 효율성과 고객 만족을 중시해야 하고, 외부 환경과 미래에 대비해야 한다는 점에서는 기업의 CEO나 서울시장이 크게 다를 바가 없다.

첨예한 상황에 부딪혔을 때 앞장서서 활로를 뚫어야 하는 점도 똑같다. CEO는 어려운 상황에서 결단을 내리고 직원을 독려해야 한다. 그런 면에서 CEO는 때로 대대장도 중대장도 아닌 소대장이 되어야 한다. 어떤 직원도 앞으로 나서려 하지 않는 순간이 종종 있다. 그럴 때엔 CEO가 '돌격 앞으로'를 몸소 보여줘야 한다. 자신은 뒤에서 팔짱만 낀 채 부하들에게 돌격하라고 지시할 순 없다. 그래서는 리더의 권위도 서지 않는다. 또한 리더와 구성원들 사이의 신뢰도 형성되지 않는다.

그런데 장애물을 돌파하는 데에도 원칙이 있다. 아무리 어려운 상황이라도 섣부른 타협은 금물이라는 점이다. 섣부른 타협은 일 전체를 그르칠 수 있다. 그것보단 일의 궁극적인 해결책을 찾아야 한다. 물론 하나를 주고, 다른 하나를 얻어내는 게 협상의 기본 속성이다. 그러나 원칙까지 파기한 주고받기여선 곤란하다. 본질을 흔들지 않는 선에서 협상해야 하는 것이다.

청계천 복원 과정에서 있었던 일이다. 청계천 상인들 몇몇이 나를 점심 식사에 초대했다. 나는 다소 긴장했다. 나를 초대한 분들은 청계천 복원을 가장 거세게 반대했던 사람들이었다. 이들은 가스통을 옆에 끼고 '자살'이니 '죽음'이니 하는 말들을 격렬하게 외치곤 했다.

식사가 어느 정도 진행되었을 때였다. 대표자인 사람이 마침내 입을 열었다.

"시장님께서 우리 같은 사람을 이렇게 사랑하는 줄 몰랐습니다."

나는 내 귀를 의심했다.

'사랑이라니, 이게 무슨 낯간지러운 소리인가. 혹시 이들이 나를 놀리려고 그러는 것인가?'

하지만 그 사람의 표정은 진심인 듯 보였다.

"저희 같은 밑바닥 사람들을 이해하고 깊은 관심을 가져주셔서 뭐라 감사해야 할지 모르겠습니다."

내 표정이 미덥지 못했던 모양이었는지, 이번에는 옆에 있던 다른 사람이 말을 보탰다. 그런 말은 식사를 하는 내내 몇 번이나 나왔다. 그제야 비로소 얹힌 체증이 확 내려가는 기분이었다. 상인들과 밀고 당기던 문제들이 비로소 해결되었다는 확신이 들었기 때문이다.

청계천의 강성 상인들이 내게 그런 말을 했던 이유는 단 하나였다. 서울시가 그들에게 약속했던 유통단지 이주 약속을 지켰던 것이다. 문서로 약속하지 않고 현금 보상도 해주지 않겠다고 했을 때 이들은 격렬하게 반대했다. 상인들은 서울시가 나중에 발을 빼기 위해 사전포석을 하는 것으로 오해했기 때문이다.

하긴 그럴 만도 했다. 예전에 관이 시민들에게 약속하고 지키지 않았던 게 어디 한두 번이었던가. 그들 입장에서는 아무런 보상도 받지 못한 채 졸지에 생업 터전을 잃어버릴 게 두려웠을 것이다. '양치기 소년 효과'라고나 할까.

나는 그들이 서울시의 약속을 믿을 수 없다며 반대 시위를 하는 현장을 찾아 열심히 설득하기도 했다.

"노점상 해본 사람이 노점상을 망하게 만들 것 같습니까?"

사실 이 한마디는 풀빵 장사와 과일 노점을 하며 보낸 나의 어린 시절과 양심을 건 약속이었다.

서울시는 약속을 지켰고, 일괄 타결 형식으로 해결을 보았다. 송파구 최신 유통단지는 기존 청계천 상인들에게 새로운 가게에서 새 출발을 할 수 있는 기회였다. 그렇잖아도 청계천 인근의 가게 세는 장사 실적이 미치지 못하는 수준으로 오르고 있었다. 이런 시점에서 최신의 유통단지로 옮긴다는 것은 이득이면 이득이지 손해가 아니었다.

만약 서울시가 강성 상인들과의 충돌을 피하기 위해 이런저런 공수표들을 남발했다면 어땠을까? 상인들에게는 영원히 원수가 되었을 것이고, 그런 약속들이 발목을 잡아 두고두고 말썽의 소지가 되었을 것이다.

장애물을 돌파할 때는 손쉬운 거래보다 근본적인 해결책을 구해야 한다. 그것이 잠깐은 힘들어도 오래도록 빛을 발한다.

협상의 조건, 일관성과 동기 부여

협상이라 하면 어떤 장면이 떠오를까? 거창한 사무실 양편에서 점잖게 앉아 중요한 사안에 대해 밀고 당기는 모습이 연상되는가? 물론 이것이 대부분의 사람들이 생각하는 협상의 한 모습이다. 그러나 조금 더 넓게 보면 일상의 거의 모든 일이 협상의 성격을 띠고 있음을 알 수 있다.

협상은 자신의 욕망을 실현하기 위해서 정보와 시간, 때로는 권력까지 동원해가며 상대방을 설득하고 타협안을 끌어내는 것이다. 그렇게 생각하면 점심에 무엇을 먹을지 동료들과 정하는 것이나 주말에 무엇을 할지 가족과 결정하는 것도 협상의 한 형태이다. 세상에서 우리가 하는 일의 8할은 협상이라는 말도 있다. 우리가 사는 일상 자체가 협상의 연속인 것이다.

시정에서도 협상은 끊임없이 진행된다. 협상력에 따라 낙관적인 사업이 좌초하는가 하면 모두가 비관적이었던 사업이 성공하기도 한다.

승용차자율요일제도 지난한 협상 과정을 통해 이루어낸 결과물이었다. 특히 동기 부여와 해결책이 없었다면 중간에 좌초될 뻔했다.

승용차자율요일제는 NGO 활동가들과의 미팅에서 처음 논의된 제도였다. NGO 활동가들은 환경 문제, 대기오염 문제, 에너지 낭비 문제 등에 대한 서울시의 무감각을 지적하고 나섰다.

"고유가 시대와 환경 시대에 맞는 시민 캠페인을 벌이면 어떻겠습니까? 전 세계적으로 이산화탄소로 인한 지구 온난화가 큰 문제입니다. 승용차가 이산화탄소 발생의 30%를 차지하고 있습니다."

활동가 가운데 한 사람이 그런 제안을 했고, 나도 그 의견에 나름 대로 공감을 표시했다.

그러나 시민 캠페인에는 한계가 있기 마련이다. 실효를 거두기 위해서는 강제성이 있는 편이 나았다. 물론 그런 방법은 자칫 시민들의 불편을 가중시킬 위험도 있었다. 반면 자율에 맡기면 너무 많은 시간이 걸렸다. 선진국의 경우에는 정부가 강제적인 방법으로 승용차의 도심 출입을 제한하고 있는 경우가 많다. 예컨대 런던은 하루 도심 출입비가 만 원꼴이었고, 밀라노의 경우에는 홀짝제를 실시하고 있었다. 자가용 승용차의 도심 제한이 선진국에서 더 엄격하다는 것만은 사실이었다.

"예전에 했던 십부제는 문제가 많은 제도였습니다. 사람마다 차를 운영해야 하는 날이 요일별로 다릅니다. 그런데 차 번호로 무조건 운행하지 않는 날을 지정한다는 게 너무 획일적입니다."

"어쩔 수 없이 차를 운행해야 하는 분들도 많습니다. 예를 들자면 영업직원들이 그렇습니다. 그런데 그분들한테까지 벌금을 매겨서 거부 정서가 심했습니다."

"벌금이나 통행세를 주는 강제적인 방법은 단기적으론 몰라도 장기적인 관점에서 보면 오히려 실효성이 떨어질지 모릅니다."

"그럼 자율적인 방법을 강구하되 시민들의 참여를 높일 수 있는 획기적인 대책을 찾아보도록 합시다."

결국 자율적이면서 기존 십부제의 단점을 극복한 제도를 도입하기로 했다. 그런 논의 끝에 나온 제도가 승용차자율요일제였다.

승용차자율요일제는 시민들이 주중 하루 각자 차를 안 가지고 다닐 날을 선택해 스티커를 붙이고 그것을 자율적으로 실행하는 제도였다. 이론적으로는 이것만큼 좋은 제도가 없을 것 같았다. 하지만 막상 시행하고 보니 현실은 달랐다. 시행을 주도한 관이 시민들을 독려하기 위해 스티커를 주는 과정에서 부작용만 발생했다. 자율 제도인데도 타율로 변질되는 바람에 의욕만 앞선 꼴이 되고 말았다. 즉, 시민들의 공감대를 충분히 이끌어내지 못했던 것이다.

나는 관계자들을 다시 불러 모았다.

"아무래도 시민들의 참여를 유도하는 게 중요할 것 같습니다. 뭔가 동기 부여가 될 만한 게 없을까요?"

"자율적으로 참여한 사람에게 인센티브를 주면 동기 부여도 되고 자율성도 침해하지 않을 수 있을 것 같습니다."

나는 그 의견에 흔쾌히 찬성했다. 그날부터 관계자들이 인센티브제를 연구했다. 결국 자동차세와 보험료를 일부 인하하는 안이 최종 확정되었다. 그런데 서울의 세수입을 관장하는 재무팀에서 반대하고 나섰다. 세원 조달에 상당한 문제가 생긴다는 것이었다.

"물론 자동차세를 인하하면 세수는 당장 떨어질 겁니다. 하지만 운행 차량이 10%만 줄어도 공기 오염이 줄고, 혼잡도가 주는 데에서 나오는 혼잡 비용이나 환경 개선비가 줄어듭니다. 장기적으로 보면 손해날 게 없습니다."

보험료 인하도 경제 원리에 부합하는 것이었다. 차를 끌고 다니지 않을수록 보험 사고율도 떨어질 것이므로, 사고 발생 시 보험사가 지불하는 금액을 줄이는 효과가 있었다. 재무팀을 설득함으로써 인센티브제의 시행이 초읽기에 들어갔다. 그런데 생각지도 않은 문제가 발생했다. 바로 중앙정부에서 난색을 표명하고 나선 것이다.

"서울이야 세수입이 높아서 괜찮지만 세수입이 워낙 낮은 지역은 그런 걸 하고 싶어도 못합니다. 그러면 그곳에 사는 주민들은 감면 혜택을 못 받으니까 상대적 박탈감을 느낄 수 있지 않겠습니까? 보험료도 그렇습니다. 승용차자율요일제에 가입한 사람이 보험료 혜택을 받으면 그 혜택 받은 것만큼을 다른 사람들의 보험료가 충당하는 겁니다. 그건 형평성에 어긋납니다."

중앙정부의 논리는 완강했다. 그들은 보험료 인하도, 자동차세 인하도 허가할 태세가 아니었다.

"그럼 보험료는 우리가 양보할 테니까 자동차세 하나만이라도 허가해주세요. 아니면 그 반대를 허가해주거나."

서울시청은 그렇게 섣부른 거래를 시도하지 않았다. 중요한 것은 문제의 핵심을 정확히 짚는 것이었다. 중앙정부의 논리는 앞뒤가 맞지 않았다. 전국의 모든 도시와 그곳에 사는 사람들을 둘러싼 교통환경은 저마다 다르다. 그런데 그것을 어떻게 기계적으로 다 맞춰야 한단 말인가? 우리는 중앙정부의 논리를 조목조목 반박했다.

"서울에 사는 주민과 산간벽지에 사는 사람이 모두 똑같이 돈을 내고 똑같이 서비스를 받으면 그게 무슨 지방자치입니까? 지방은 공기 오염이 안 되어 있어 환경비나 혼잡비 자체가 서울과 비교가 되지 않습니다. 그 부분에선 그분들은 서울시민들보다 이미 혜택을 받고 있는 겁니다. 누구나 자기 지역에 맞는 서비스를 개발할 권리가 있습니다. 단지 산간벽지에 사는 사람과의 기계적인 형평성 때문에 자동차세 감면 혜택을 주지 못한다는 건 설득력이 전혀 없습니다."

결국 서울시는 중앙정부로부터 자동차세와 보험료 인하 허가 모두를 받아냈다.

승용차자율요일제는 아직 현재진행형의 과제이다. 승용차자율요일제는 단순히 차량 통행량을 줄이기 위한 일회성 캠페인이 아니다. 승용차 생활의 패러다임을 바꿔서 새로운 교통문화를 만드는 것이 승용차자율요일제의 궁극적인 목표이다. 시민들 개개인이 조금씩 불편을 참아가면서 전체 다수의 편리성을 창조하는 시민 교통문화 운동인 셈이다. 시민들의 자율적인 참여가 무엇보다 중요한 것도 그런 이유이다. 때문에 지금도 시민들의 참여를 독려하기 위한 여러 가지 방법이 뒤따르고 있다. 시민들의 자율적인 참여가 중요한 만큼 단기간에 성패를 논할 수도 없다. 또한 참여하고 안 하고는 전적으로 시민들 개개인이 판단할 문제이다. 그러나 공무원들은 그것을 독려할 의무가 있다. 보험료와 자동차세 인하도 참여를 독려하기 위한 한 방법이었다.

기업 경영에서는 차별화된 서비스가 곧 경쟁력이다. 승용차자율요일제가 성공하기 위해 필요한 것은 동기 부여와 차별화된 서비스였다. 그리고 승용차자율요일제를 가능하게 한 것은 바로 지속적인 해결책을 제공한 까닭이다.

1 · Ambition | 그대, 꿈꾸는가?

사람이 살아가는 데는 의식주만 필요한 게 아니다. 꿈과 희망도 의식주 못지않게 필요하다. 특히 현실이 어려운 사람들에게 미래에 대한 꿈과 희망은 다른 어떤 것보다 소중하다. 아무리 현실이 어렵더라도 꿈과 희망이 있는 한, 사람은 쉽게 좌절하거나 포기하지 않기 때문이다.

김동인의 소설 〈무지개〉는 갖은 고생을 하며 무지개를 잡으려던 소년이 무지개를 포기하자 갑자기 늙어버렸다는 이야기다. 불가능한 꿈일지라도 그것이 바로 소년의 삶을 지탱시켜준 힘이었음을 우회적으로 표현한 이야기다.

꿈을 다른 말로 바꾸면 야망이라 할 수 있다. 성공을 꿈꾸는 사람은 야망을 품어야 한다. 야망이야말로 제 2의 어머니다. 그 결과가 성공이냐 실패냐를 떠나, 한 사람을 성장하게 만들기 때문이다. 그러고 보면 한 사람이 살아온 인생이란 그 사람이 품어온 야망의 결과물이다.

자신이 품은 야망을 달성하기 위해서는 그것을 현재진행형으로 만들어야 한다. 목표를 이루기 위한 노력이 꾸준히 진행될 수 있어야 한다는 말이다. 야망이 현재진행형이 되기 위해서는 자신이 원하는 것과 시대가 요구하는 것이 무엇인지를 잘 파악해야 한다.

시대의 요구와 자기 자신의 요구가 일치했을 때, 그 꿈은 실현 가능성이 높아진

다. 그러기 위해서는 자신의 현재 위치를 확인하고 경우에 따라 목표를 수정하는

용기도 필요하다.

그러므로 야망을 품은 사람들은 언제나 스스로에게 되물어보아야 한다.

지금 내가 품고 있는 야망은 무엇인가?

그리고 지금 나는 그 야망을 위해 무엇을 실행하고 있는가?

2 · Basic | 기초 없는 성공은 없다

기초야말로 모든 일의 성패를 좌우하는 근본이다. 어느 분야든 성공의 원동력은 곧 탄탄한 기초에서 나오는 것이다.

IMF사태가 터지고 난 뒤의 일이다. 당시 기업들 사이에선 'Back to the Basics' 이란 말이 유행이었다. 우리 경제가 IMF사태를 맞게 된 것도 기본기를 소홀히 한 채 외형과 단기간의 성과에만 급급했다는 반성에서 비롯된 표현이었다. 그로부터 8년 동안 "기본기를 충실히 다지자"는 구호는 사회 모든 분야로 파급되어 나갔다.

기본기의 중요성은 특히 스포츠 경기에서 잘 증명된다. 야구에서 슬럼프에 빠진 타자들이 가장 많이 훈련하는 게 바로 번트 연습이라고 한다. 번트야말로 기본기 중의 기본기인데, 번트 연습을 통해 타자들은 공을 끝까지 보는 훈련을 하게 된다. 타자들의 슬럼프는 대개 흐트러진 타격 자세에서 오는 경우가 많고, 흐트러진 타격 자세를 바로잡는 가장 좋은 방법이 번트 연습이기 때문이다.

축구 경기에서도 마찬가지다. 축구 선수들에게 가장 기본이 되어야 하는 것은 바로 90분 내내 운동장을 누빌 수 있는 체력이다. 선수 개개인의 기술이나 조직력,

감독의 전술이 아무리 뛰어나다 할지라도 체력이 뒷받침되지 않고서는 이를 효과적으로 발휘할 수 없는 것이다.

마찬가지로 국가 경영이나 기업 경영에서도 기본기가 중요하다. 국가 경제가 잘되려면 경제의 기본 원칙이 잘 지켜져야 하고, 기업 경영이 잘되려면 기초가 되는 수익성이 좋아야 한다.

그렇다면 한 사람에게 있어 기본기란 무엇일까?

나는 품성이라고 생각한다. 삶을 긍정하면서 도전하는 자세, 원칙을 중요하게 여기는 자세야말로 무엇과도 바꿀 수 없는 기본기다.

'기본'과 '원칙'은 때로 단기간의 손해를 가져다주기도 한다. 원칙과 기본을 철저히 따지다보면 일의 진행은 더뎌지고 진행 과정은 번거로워진다. 그러나 긴 안목으로 볼 때 원칙과 기본은 더 큰 성공을 보장해줄 수 있다. 그러므로 성공을 원하는 사람이라면 명심할 일이다. 기본 없이는 성공도 없다는 사실을….

C H A P T E R

•

•

•

2

TO SUCCESS

동기부여 리더십

· · · · ·

$E=mc^2$

위기를 성공으로 이끄는 힘

온몸으로 부딪쳐라

1
임파워먼트
Empowerment

·
·
·

열정을 넘어 헌신을 끌어내는 법

리더십의 성공은 '실천'에 달렸다

훌륭한 리더가 되기 위해서는 조직원의 마음을 움직일 수 있어야 한다.

리더는 조직원들에게 사명을 부여하고 권한을 위임해 목표에 집중하도록 만들어야 한다. 여기까지는 보통의 리더들도 모두 할 수 있다. 그러나 특별한 리더를 꿈꾼다면 이런 역할에 만족해서는 안 된다.

한 발 더 나아가 조직원의 머리와 몸이 아닌, 마음을 움직이려고 노력하라. 그러기 위해서는 어떤 형식이든 조직원들에게 감동을 선사해야 한다. 그러면 조직원들 스스로 목표에 헌신하게 될 것이다.

감동은 거창한 비전이나 미사여구 가득한 말에서 나오는 것이 아니라 바로 리더의 실천력에서 나온다. 조직원의 마음을 하나로 묶을 줄 아는 것. 그리고 각기 다양한 개성들을 하나의 목표 아래 헌신하도록 만드는 것. 이런 리더십을 가지게 되면 조직은 스스로 살아 움직이는 강한 생명체로 거듭나게 된다.

여기에서는 서울시를 스스로 살아 움직이는 조직으로 거듭나게 하기 위해 내가 사용한 방법들을 소개하고자 한다.

간략히 설명하자면 임파워먼트(Empowerment)를 극대화하기 위해서는 인재(Manpower)를 성장 동력의 중심에 두고 그들 사이에 선의의 협력(cooperation)과 경쟁(competition)을 유도하는 것이다.

내가 서울시장에 당선된 것은 2002년 6월 13일이었다. 시장에 당선되기까지의 과정이 쉽지는 않았다. 나와 경쟁했던 후보는 젊은 386세대였고, 월드컵의 열기로 인해 공약들도 언론의 주목을 끌지 못했다. 어려운 싸움이어서 승리를 비관한 참모진도 없진 않았다. 하지만 초반의 불리함을 딛고 결국 승리를 일궈낼 수 있었다. 1000만 시민 주주와 4만 5000여 직원이 있는 거대 기업, 서울의 CEO가 된 것이다.

내가 시장으로 출마했던 것은 돈이나 명예에 대한 욕심 때문은 아니었다. 솔직히 돈이라면 아쉽지 않을 만큼 충분히 벌었다. 또한 평사원 출신으로 대기업 기업 CEO에 오르면서 나름의 명예도 얻었다.

나에게는 다만 꿈이 있었다. 세계 일류 도시, 서울의 꿈. 그것은 허황된 것이 아니라 손에 쥘 수 있는, 실현 가능한 것이라는 확신이

들었다. 그것이 출마 동기였다.

잠깐 40여 년 전, 대학을 졸업할 무렵으로 돌아가보자. 당시는 지금과 사정이 많이 달랐다. 나와 같은 학생운동권 출신들은 대부분 정치권으로 진출했다. 하지만 나는 운동권이라는 낙인이 찍혔음에도 끝내 기업행을 고집했다.

'지금 우리나라에 절실한 건 경제를 일으켜 세워 배고픔을 해결하는 일이다.'

당시 내 머릿속에는 이런 생각이 가득 들어차 있었다. 그런데 40여 년이 지나자 상황이 많이 바뀌었다. 경제 분야는 스스로 발전하는 시스템이 구축되었다. 규모 면에서도 세계 10위의 경제 대국이 되었다.

우리나라가 제2의 도약을 이루기 위해서는 다른 분야의 효율을 높이는 게 급선무라는 생각이 들었다. 특히 공공부문이 문제였다. 행정의 속도가 느리다는 것이 늘 답답했다.

대학을 졸업하던 무렵, 그리고 국회의원으로 출마하던 무렵과 또 다른 소명의식이 느껴졌다. 나는 그것에 내 자신을 던지고 싶었다.

"시 행정에 기업 경영 마인드를 도입해서 서울을 세계 일류 도시들과 어깨를 나란히 하는 도시로 만들겠습니다."

언론과의 인터뷰 자리에서 밝힌 시장 취임 비전이었다.

서울시 행정에 기업 경영 마인드를 도입한다는 것은 상징적인 의미를 갖는다. 대한민국 수도 행정의 효율을 끌어올리는 것은 나라 전체 행정의 효율을 끌어올리는 것과 무관하지 않기 때문이다. 시민들 역시 눈을 부릅뜨고 나를 지켜볼 것이 틀림없었다. 나는 양 어깨에 무거운 책임감을 느꼈다.

취임 뒤에 직원들에게 가장 강조했던 것은 기업 마인드였다. 변화는 쉽지 않았다.

기업과 공공조직은 근본적으로 성격이 다르다. 국민의 세금을 쓰는 공공조직은 무엇보다 책임의 소재를 우선시 한다. 속된 말로 벌린 일이 혹시 잘못되어 큰 책임을 지지나 않을까 걱정하는 것이다. 그런 사고방식이 굳어진 상황에서 일의 성과는 둘째 문제였다. 그것은 몇십 년 동안이나 굳어진 관행이었다. 이런 관행들은 일의 성과를 최우선으로 하는 기업 마인드와 수시로 충돌했다. 열심히 변화하려는 직원들조차 자신들의 변화에 대해 반신반의했다. 변화에 대한 확신이 여전히 부족해 보였다.

"우리가 이렇게 변화한다고 해서 시민들이 알아줄까요?"

"우리가 변화하는 게 진정 시민들이 원하는 것인지에 대해 솔직히 회의가 들 때도 있습니다."

직원들과의 간담회 자리에서 이따금 나는 그런 목소리를 들었다. 그럴 때마다 안타깝고 답답한 마음이 앞섰다. 비전이 조직원들의 마음속까지 뿌리내리지 못한 것이다.

비전을 조직 구성원들과 공유하는 것은 무엇보다 중요하다. 구성원들이 명확한 비전을 공유하고 있느냐, 없느냐에 따라 잘되는 조직과 안 되는 조직으로 구분된다.

조직원들이 비전을 공유하고 있다면, 그 조직은 강한 조직이 될 수밖에 없다. 구성원들이 비전을 공유하면 자신과 조직을 일체화시킨다. 일체화의 정도가 강할수록 구성원들은 조직에 헌신적이다. 구성원에게 조직이 밥벌이 수단을 넘어 자아를 실현하는 공간이기 때문이다.

반대로 구성원들이 비전을 공유하지 못하면, 그 조직은 작은 위기에도 쉽게 흔들린다. 그들은 위기를 이겨내야 할 책임감을 느끼지 못한다. 구성원들에게 조직이란 그저 생계를 유지하는 수단에 불과하기 때문이다. 리더가 구성원들의 마음에 비전을 전파하는 것은 그래서 중요하다.

'어떻게 하면 공무원들 한 명 한 명의 마음에 기업 마인드를 뿌리 내리게 할 수 있을까?'

나는 그런 고민에 빠져들었다. 그리고 기업 마인드를 전파하기 위해 많은 노력을 기울였다. 시장에서 9급 공무원에 이르는 서울시의 모든 공무원은 매년 2박3일씩 연수를 받았다. 민간기관에서 운영하는 연수 프로그램도 기업 경영 마인드를 배우기엔 훨씬 효과적이었다. 시장인 나도 연수 프로그램에 참가했다. 공무원들의 변화가 지속되도록 하기 위해 특별교육 과정을 편성하기도 했다.

또한 '행정서비스품질평가제'와 '다면평가제' 등의 제도들도 도입했다. 변화를 시스템으로 정착시키기 위해서였다. '인사청탁공개제도'를 도입해 인사 청탁을 근절하는 장치도 마련했다. 누구든 성과만 좋으면 발탁, 승진, 전보가 되도록 했다. 이러한 교육과 제도를 통해 공무원들의 기업 마인드도 꾸준히 향상되었다. 하지만 뭔가 결정타가 없다는 생각이 들었다.

'변화는 궁극적으로 자기 자신을 위한 것이다. 시민들의 기쁨이 자기 자신에게도 기쁨이라는 깨달음이 있어야 한다.'

그런 와중에 서울광장이 착공되었다.

공무원을 춤추게 하라

원래 서울광장은 전임 시장 때도 계획되었던 사업이었다. 그러나 경찰을 비롯한 반대론자들에 부딪혀 뜻을 이루지 못했던 것이다. 반대론자들의 주장은 간단했다.

"시청 앞은 서울시 교통의 결절점입니다. 그런 자리에 광장을 만들겠다니 그거야말로 포퓰리즘 아닙니까?"

나는 교통 때문에 광장을 만들지 못한다는 논리를 수긍할 수 없었다. 월드컵 응원전을 펼치던 2002년 6월의 모습이 자꾸만 뇌리를 스쳐갔다. 시청 앞에 광장을 조성하는 것은 상징적인 의미를 갖는다. 광장은 시민들을 위한 공간이고 곧 시청 앞의 주인이 시민임을 천명하는 것과 같다.

'기업 마인드라는 게 무엇인가? 고객제일주의가 아닌가 말이다. 시민들은 열린 공간으로 나오려 하고 있다. 고객인 시민들이 원하는 것이라면 긍정적인 방향으로 검토해봐야 하지 않겠는가.'

나는 물러서고 싶지 않았다. 교통전문가에게 자문을 구하고 시뮬레이션으로 교통 상황을 검토해보기로 했다. 시뮬레이션 결과는 예상보다 좋았다. 교통 상황도 크게 반대할 정도로 악화되는 것은 아니었다.

"시민들이 광장을 원하고 있는데, 교통이 막힌다고 해서 광장을 포기한다면 고객의 요구를 무시하는 것입니다. 더욱이 시청 앞 광장 조성은 서울이 효율과 기능 중심의 도시에서 인간 중심의 도시로 변화하고 있다는 걸 보여줄 좋은 기회입니다."

나는 일부 간부들의 의구심에 그렇게 종지부를 찍었다. 서울광장을 예정대로 조성하기로 한 것이다. 79일이라는 비교적 짧은 공사 기간 중에 교통대란 같은 것은 일어나지 않았다. 오히려 시민들은 광장을 얻을 수만 있다면 약간의 불편쯤은 감수한다는 자세까지 보였다. 결국 나의 믿음은 개장식 날, 감동으로 돌아왔다.

그때까지도 상당수 언론과 전문가들이 틀림없이 교통 문제가 발생할 것이라고 전망했다. 늘상 이동하던 통로를 꽉 막아버렸으니 혼란과 원성이 없을 수가 있겠느냐는 것이다.

개장 당일, 수많은 취재진이 시청 옥상으로 바삐 모여들었다. 자리싸움은 치열했다. 극심한 혼란에 빠진 시청 앞을 생생히 담아내기 위해서였다. 나라고 마음이 편하기만 한 것은 아니었다. 나의 판단을 굳게 믿었고 여러 가지 대책을 준비했지만 그래도 현장에서의 상황은 100% 장담할 수 없었다.

그러나 그날, 시청 옥상에서 많은 카메라가 정신없이 작동했다. 인상적인 한 장면을 담아내기 바빴기 때문이다. 그것은 경적을 울려대는 차들로 혼란스러운 시청 앞이 아니었다. 모여든 시민들의 인파로 시끌벅적해진 광장의 모습이었다.

게다가 즐거운 돌발 사태도 벌어졌다.

개장식 이벤트에 관한 회의에서 갑론을박 끝에 조촐하게 하자는 쪽으로 의견 일치를 보았다. 결국 개장식에 이어 어린이 글짓기 대회만 하기로 한 것이다. 그런데 광장 개장식이 열리는 당일, 사정은 달라졌다.

개장 시간인 아침 10시부터 사람들이 몰려들기 시작했다. 2002년의 월드컵 응원 열기를 연상시키는 인파였다. 아차, 하는 생각이 머리를 쳤다. 하이서울페스티벌이니 7월 1일 대중교통 개혁이니 하는 우리들의 입장만 생각했지 시민들의 욕구를 제대로 파악하지 못한 것이다.

모두 자발적으로 몰려든 시민들이었다. 몇십 년 동안 막혀 있던 곳이 광장이 되었다는 사실만으로도 시민들은 감동을 느끼는 듯했다. 시민들은 재미나고 색다른 이벤트가 열리길 기대한 눈치였다.

"뭐가 이렇게 간단해?"

"개장식인데 볼거리도 없네."

"서울광장 개장한다고 해서 나와봤더니 너무 싱겁네."

그들의 불평이 내 귀에까지 들리는 듯했다. 시민들은 준비된 행사가 끝나도 돌아갈 줄 몰랐다. 나이가 지긋한 노부부에서부터 청소년에 이르기까지 잔디밭과 시청 뒤뜰을 거닐며 담소를 나누었다. 그리고 그것만으로 성에 차지 않았는지 급기야 시청 건물로 밀려들어왔다.

평소 멀게만 느껴지던 시청 건물이 서울광장 개장으로 친근하게 다가왔던 모양이다. 그 바람에 시청 직원들은 비상이 걸렸다.

직원들은 몰려든 시민들을 부랴부랴 홍보관으로 안내했다. 비치된 홍보 팸플릿과 리플릿, 브로셔, 관광안내 책자 1년치가 순식간에 바닥이 났다. 만약의 사태를 대비해 비치했던 서울의 수돗물 '아리수' 페트병 5000개도 동이 나고 말았다. 홍보관에서는 하루 종일 홍보용 비디오를 돌려대야 했다. 홍보관 직원은 나중에 더 틀 비디오가 없어 난감해하기도 했다고 한다. 이처럼 시민들의 호응은 예상을 넘어서는 것이었다.

'시민들이 원하는 게 바로 이런 것이었어. 시민들과의 커뮤니케이션이 이렇게 중요한 것을….'

나는 무릎을 치지 않을 수 없었다. 시민들은 더욱 많은 변화를 원하고 있었던 것이다.

이런 깨달음은 나만의 것이 아니었다. 그날의 작은 소동을 통해 직원들도 새삼스레 기업 마인드의 소중함을 깨닫게 되었다. 그리고 변화와 개혁에 대한 자신감도 얻었다. 하루 종일 일은 고되었지만 시민들과 소통하는 기쁨이 얼마나 큰 것인지, 더불어 시민들과의 벽이 그동안 얼마나 컸던 것인지에 대해서도 깨달았다.

"우리가 노력하고 먼저 다가간다면 시민들도 얼마든지 시 공무원들의 변화를 긍정적으로 생각해줄 거라는 걸 알았습니다."

뒷날, 시청 한 간부가 그날 겪은 소동에 대해 털어놓은 소감이었다. 그날의 소동은 이후 다른 사업을 진행하는 데 커다란 자신감으로 작용했다. 요컨대 변화할 수 있고, 시민들도 그 변화를 원하고 있다는 믿음을 얻었던 것이다.

좀 더 시간이 지나자 모든 분야에서 변화가 일어나는 게 느껴졌다. 일례로 청계천 복원 과정에서 "복원 사업을 체계적으로 준비하고 착공하는 데만 4년이 걸리니까 차라리 이 일은 포기하고 다른 일에 치중하시는 게 어떻습니까?"라고 반대하던 공무원들이 나보다 더 열심히 뛰고 있는 모습을 발견하기도 했다. 내가 제시한 비전을 어느새 구성원들이 공유하고 있었던 것이다.

리더가 제시하는 비전을 완성하는 사람은 조직 구성원들이다. 리더가 제시하는 비전을 구성원들이 공유할 수 없다면, 그것은 리더만의 선전선동으로 그칠 것이다. 물론 그 비전은 실행 가능한 구체적인 것이어야 한다.

2

사람
Manpower

.
.
.

사람이 희망이다

신뢰하고 신뢰하고 신뢰한다

버스 개편을 하고 시청 직원들에게는 하루하루가 그야말로 전쟁이었다. 교통국 직원들은 물론이고 시청 전 직원이 비상 대기 상태였다. 언론은 연일 버스 개편을 맹비난했고, 시청 앞에선 '이명박 시장 퇴진 국민서명운동'이 벌어졌다. 비서실 전화통은 불이 났다는 표현이 딱 맞을 정도로 쉬지 않고 울려댔다. 인터넷 시청 게시판에는 하루에도 수천 건의 민원이 올라왔다.

매일 밤 10시에 대책 회의를 하고 다음 날 새벽에 공무원들이 직접 차고지로 가서 버스카드 시스템을 점검했다. 각고의 노력 끝에 시행 초기의 오류들은 바로잡혀가고 있었다.

하지만 시민들은 바뀐 노선에 여전히 우왕좌왕했다. 여론 역시 좀

체 호의적으로 돌아서지 않았다. 시청 직원들 사이에는 점차 위기감
이 감돌기 시작했다. 그런 상황에서 참모진 가운데 한 사람이 굳은
표정으로 내게 말했다.

"교통관리실장이 어떻게든 책임을 져야 할 것 같습니다."

"그게 당신 혼자의 생각입니까, 간부들 대다수의 생각입니까?"

"대다수 간부진의 생각도 저와 비슷할 겁니다."

시민들의 분노를 잠재우기 위해서라도 책임자인 교통관리실장을
물러나게 해야 한다는 의견이었다. 나는 짐짓 못 들은 척 답변하지
않았다. 그날까지 여론의 뭇매를 맞긴 했다. 하지만 나는 그런 생각
을 한 번도 하지 않았다.

'미처 예상하지 못해 발생한 문제들은 해결해나가면 된다. 수십
년 동안의 관행을 고치는 일이 아닌가? 어느 정도의 혼란은 감수할
수밖에 없다.'

솔직한 내 심정이 그랬다. 잘못을 부정하자는 게 아니다. 잘못은
시정하되 올바른 취지와 내용까지 포기할 순 없다는 것이었다. 그렇
다고 해서 내 심정이 담담했던 건 아니었다.

무심결에 시장실에서 신임 교통관리실장과 독대하던 순간이 떠올
랐다. 그를 교통관리실장에 임명한 며칠 뒤였다. 그는 서울시 교통
정책에 대해 나름의 복안을 밝혔다. 그러면서 내게 몇 가지 요구 사
항을 말했다.

그는 교통 정책을 백지 상태에서 다시 시작할 것이라고 했다. 나

는 그의 의견에 전적으로 동의했다. 교통국의 핵심 직원을 교체한 것도 그런 이유에서였다. 또한 일을 하려면 연구팀이 가까운 곳에 위치해 있어야 한다고 했다. 그것 역시 일리 있는 의견이었다. 그래서 시청에 시정개발연구원 소속의 연구지원단과 버스개선추진단과 같은 싱크탱크 팀을 설치하도록 했다.

그런데 두 가지 요구를 한 뒤에도 그는 내 방에서 나가지 않았다. 뭔가 할 말이 있는 게 분명했다. 무슨 말이 나올지 궁금해하며 가만히 기다렸다.

얼마간의 뜸을 들인 뒤 그가 무겁게 입을 열었다.

"제가 갖고 있는 모든 역량을 다 쏟아 부어서 소신껏 일하겠습니다. 그러니 실수가 있더라도 돈을 먹지 않는 한 내쫓지는 말아주십시오."

그의 표정은 진지했다. 일리가 있는 말이었다. 그는 신문사에서 국장급 대우를 받는 교통전문기자였다. 시청에는 1급 실장급으로 왔지만 대우 면에서 이전보다 나아진 것은 아니었다. 자기가 갖고 있는 지식을 행정에 접목시켜보겠다는 순수한 의도로 서울시 교통관리실장직에 온 것이었다. 나는 평소 소신을 말하는 걸로 대답을 대신했다.

"나는 일하다가 잘못을 저지르는 사람보다 아무 일도 안 하는 사람을 싫어합니다. 소신껏 일했는데 일이 잘못되었다고 해서 그 사람에게 불이익을 주면 누가 일하겠다고 나서겠습니까?"

그는 약속대로 열심히 일했다. 아니, 교통 개편에 모든 열정을 쏟아 부었다. 자기주장이 너무 강한 게 흠이긴 했다. 간부 회의 시간에 다른 간부와 언성을 높인 적이 여러 번이었다. 그때마다 주의를 주긴 했지만 그래도 그의 열정과 소신만은 높이 샀다.

뉴욕에 출장을 갔을 때였다. 아직 잠이 덜 깬 새벽이었다. 서울에서 급하게 전화가 걸려왔다. 전화를 받아보니 교통관리실장이었다. 교통체계 혁신과 관련된 급한 일로 전화한 것이었다.

나는 평소에도 하루에 4시간 이상 자지 않는 경우가 많다. 그런 잠을 그가 깨운 것이다. 비록 잠이 덜 깬 상태였지만 나는 그의 의견을 신중하게 들었다. 시장이 잠자는 시각이라고 눈치를 본다면 촌각을 다투는 일이 늦어질 수 있었다.

나는 이런저런 눈치를 보지 않고 일에만 집중하는 그의 자세가 마음에 들었다. 언젠가는 이런 일도 있었다. 점심을 먹으러 가기 위해 시청 횡단보도 앞에 서 있었다. 그런데 누가 급하게 달려오는 것이다. 역시 그였다. 그는 급한 일이라면서 거리 한복판에서 내게 결재판을 내밀었다.

'사람들이 왔다 갔다 하는 길거리에서 웬 결재판?'

옆에 있던 다른 간부들이 황당하다는 표정을 지었다. 그러나 나는 흔쾌히 사인을 했다. 그는 그런 사람이었다. 그런데 시행 초기에 문제가 발생했다고 해서 그를 희생양으로 만들 수는 없었다.

"그건 그가 물러난다고 해결될 일이 아닙니다."

나는 그의 퇴진을 주장하는 의견을 거절했다. 그래도 의견을 굽히지 않는 사람에게는 더 강력하게 설득했다.

"교통관리실장은 천재입니다. 교통체계 혁신은 모든 것이 씨줄과 날줄로 엮여 있는 사업입니다. 당면한 오류들을 시정하면 버스 개편은 틀림없이 성공할 것입니다. 지금 힘들더라도 좀 더 견뎌봅시다."

시청의 공무원들이 거의 예외 없이 한 달여 동안 아침부터 다음 날 새벽까지 고생한 결과, 시행 초기의 잘못들은 대부분 시정되어갔다. 그리고 한 달이 지나자 버스 승객이 눈에 띄게 늘어나기 시작했다. 나는 비로소 교통체계 혁신이 성공할 것임을 확신했다.

교통체계 혁신 시행 초기에 겪은 일은 인재 운영에 대한 나름의 본보기를 제공하고 있다.

인사가 만사라는 말이 있다. 리더는 성과를 위해 인재를 적재적소에 배치하는 게 필수이다.

교통국 직원들을 새롭게 바꾼 것도 적재적소에 인재를 배치하기 위한 조치였다. 버스 체계 개편이 특히 어려웠던 것은 기득권을 가진 버스 회사들의 치열한 방해 작전 때문이었다.

과거에 버스 개혁을 실시하려 했을 때마다 교통국장들이 불명예스러운 일로 구속되는 사례가 많았다. 버스 개혁을 꺼리는 기득권 버스업자들, 그리고 기존 교통국 직원들의 유착관계가 의심되는 일이었다.

한마디로 기존 교통국 직원들로는 본래 의도한 개혁을 할 수 없었다. 이런 사실을 알았기 때문에 교통관리실장도 교통국의 핵심 인력을 교체했던 것이다.

교통국의 직원을 교체함으로써 버스 개편의 강력한 의지를 보여 주는 동시에 기존의 유착관계에 쐐기를 박는 일석이조의 효과를 얻은 것이다. 교통국으로 자리를 옮긴 직원들에겐 긴장의 끈을 놓지 못하게 하는 효과도 있었다.

책임자를 끝까지 믿어주는 것도 인력 운영의 중요한 원칙이다. 세상에 완벽한 사람은 없다. 누구나 잘못할 수 있는 것이다. 실수가 있다고 해서 책임자를 그때마다 갈아치운다면 누구도 소신껏 일하지 못할 것이다.

전문가를 활용하라

인재 운영에서 중요한 또 다른 한 가지는 전문가 집단의 활용이다. 특히 관료 조직에서는 일의 전문성을 높이는 게 필요하다. 담당 공무원들과 관련 전문가들이 얼마나 서로 조화를 이루느냐가 일의 성패를 좌우한다.

전문가 집단을 활용하면 다른 측면에서도 이점이 많다. 효율을 높이는 것은 물론 기존 직원들에게도 자극을 준다. 시행 사업에 대한 신뢰성을 더해 민간의 지지를 이끌어내는 효과도 얻을 수 있다.

나 또한 굵직굵직한 사업에 전문가 집단을 대거 참여시켰다. 뉴타운 개발사업도 예외가 아니었다. 낙후된 강북 지역을 재개발해 강남과의 격차를 줄이자는 취지에서 시작한 게 뉴타운 개발사업이었다.

'뉴타운'이란 말은 원래 법정 용어가 아니다. '뉴타운'이란 용어가 만들어진 데는 나름의 이유가 있다.

서울은 자연발생적으로 팽창하고 발전한 도시이다. 조선 시대 태조 이성계가 도읍을 정한 이래 600년이 넘는 동안 팽창해왔다. 그러다 보니 도시 기능이 무계획적인 측면이 많았다. 오래된 도시의 문제는 도시가 노후화 · 슬럼화된다는 것이다.

이런 문제는 비단 서울뿐 아니라 전 세계 오래된 대도시들의 공통적인 문제다. 저마다 노후화 · 슬럼화된 도시를 재개발하는 게 커다란 이슈가 되어왔다. 그리고 서울의 경우 그 기능을 수행한 것이 재개발, 재건축, 불량주택 재개발, 주거환경개선사업 등이다.

그런데 기존의 재개발, 재건축 사업들은 나름의 한계를 갖고 있었다. 민간 중심으로 재개발, 재건축이 이루어지다보니 당장의 개발이익에만 집착해 주변 인프라를 고려하지 않았다. 집은 개량되고 가구 수는 늘어났지만 도로나 상하수도, 학교, 공원 등의 도시 인프라는 여전히 부족했다. 인구는 늘어나면서도 주변 인프라가 개선되지 않아 삶의 질은 오히려 낮아졌다.

이런 악순환이 반복되어 강북 지역은 재개발해도 집값이 떨어지는 기현상이 벌어졌다. 반면 강남은 신시가지에 편의 시설, 공원, 학교 등 주변 인프라가 들어가 집값 상승이 계속되었다.

강북과 강남의 격차는 갈수록 벌어져 급기야 사회문제로 비화되었다. 이런 악순환을 막자는 취지로 시작한 게 바로 뉴타운 개발이었다. 즉, 어차피 재개발을 할 것이면 광역 생활권 단위로 재개발 지구를 묶어 도로와 학교, 공원 등 인프라 시설을 관이 지원하겠다는 내용이었다.

문제는 기존 법령의 제도적 한계 속에서 어떻게 새로운 주거지 형태를 만들어내느냐 하는 점이었다. 관료와 도시학자들이 뉴타운이라는 새로운 개념을 만들었다면, 그것의 실제적인 밑그림을 그리는 건 도시건축학자들과 같은 전문가들이 해야 할 일이었다. 그런 이유로 서울시에서는 뉴타운 개발 계획에 MA(Master Architect) 제도를 도입했다.

MA팀은 건축, 조경, 도시 설계 등 각 분야의 높은 경험과 식견을 갖춘 전문가들로 이루어졌다. MA팀은 종래의 평면적인 개발 계획이 아닌 보다 입체적인 개발 계획이 이루어질 수 있는 바탕을 마련했다.

이들이 참여함으로써 뉴타운 개발은 지역 특성에 맞는 테마를 설정하고 친환경적·친인간 중심적인 개발 계획이 될 수 있었다. 신시가지형, 주거 중심형, 도심형 등 각 지역에 맞는 개발 계획의 밑그림을 수립한 것도 MA팀이었다.

관련분야 전문가 집단의 활용은 일의 성패에 지대한 영향을 미친다. 서울시에서는 그 밖에도 부채 절감을 위한 금융전문가, 서울대 공원관리사업소장, 통상전문가 등을 영입해 시정에 전문성을 확보했다.

한편으로는 내부 전문가들을 적극 활용하는 정책도 썼다. 경험과 지식이 풍부한 1급직들을 정책보좌관으로 전환한 것이다.

편견을 버리면 인재가 보인다

사업의 성패는 제도나 시스템보다 궁극적으로 사람을 통해 이루어진다. 물론 비전을 달성하려면 조직과 시스템을 활성화시키고 제도를 정비해야 한다. 조직을 유연하고 강하게 만드는 고유의 문화도 만들어내야 한다.

그러나 이러한 모든 것도 결국 사람을 통해 이루어지는 것이다. 사람에 주목하지 않고는 시스템이나 문화도 있을 수 없다. 사람에 주목한다는 게 능력 있는 인재에게만 의존한다는 뜻은 아니다. 능력 있는 인재가 이루어낸 성과들은 곧바로 제도로 보완되고 시스템화되어야 한다. 그래야만 지속적인 성과를 거둘 수 있는 조직이 될 것이다.

시장에 부임할 당시를 돌이켜보면 그때 나는 얼마간의 두려움이 있었다.

'내가 공공부문에서 과연 잘해낼 수 있을까?'

혹시 나를 여전히 밀어붙이기만 하는 사람으로 보는 사람이라면 '이명박스럽지 않다' 고 생각할지도 모르겠다. 그러나 그것은 사실이었다.

그럴 만도 한 게 기업에서 27년간 젊음을 바쳤고, 그 중 15년을 CEO로 보냈지만 공직 사회에 대한 경험은 전무했다. 시정 목표와 비전도 구상했고, 내가 해야 할 사업들에 대해서는 오래전부터 준비를 했다. 그러니까 일에 관한 한 두려움이 없었다. 내가 정작 두려운 것은 다른 부분이었다.

'공무원 조직을 어떻게 변화시켜나가야 옳을까? 그리고 그들이 내가 추진하는 변화를 과연 잘 따라올까?'

즉, 시스템이나 문화가 아닌 사람에 대한 두려움이었다. 하지만 며칠 만에 나는 생각을 고쳐먹었다. 공무원 조직에도 곳곳에 우수한 인재들이 포진해 있을 것이라는 생각 때문이었다. 그동안 그들에게는 올바른 방향과 명확한 비전을 제시해주는 리더가 부족했을 뿐이었다.

'내 역할은 우수한 인재들에게 나아갈 방향을 알려주고, 판단을 내리는 것이다. 그것만 한다면 그들 스스로가 알아서 변화를 주도할 것이다.'

이렇듯 생각을 바꾸자 어깨가 한결 가벼워졌다.

부임 이후 조직의 일대 변화는 불가피했다. 조직의 변화는 일선 공무원들 개개인의 자세와 행동의 변화에서 시작되어야 했다. 그 바람에 본의 아니게 간부진이 괴롭힘을 당하기도 했다.

"시장님이 부임하시고 나서 했던 일이 제가 평생 동안 했던 일보다 많은 것 같습니다."

어느 시청 직원이 농담 반 진담 반으로 했던 말이다. 그것은 내게 은근한 기쁨을 주는 말이었다. 직원들에게 내가 누차 요구한, 변화에 대한 방증이었기 때문이다.

CEO는 궁극적으로 인재를 통해 비전을 달성한다. 비전 달성에서 인재의 배치와 관리는 그래서 특히 중요하다. 또한 목표를 달성하기 위해서는 구성원들이 능력을 발휘할 수 있는 여건을 만들어야 한다.

요컨대, 명확한 목표에 따른 임무를 적임자에게 맡기는 것, 그것이 비전 달성의 핵심이다.

3

협력
Cooperation

•
•
•

조직을 숨쉬게 하는 회의 활용법

하나보다는 둘, 둘보다는 셋

리더의 중요한 자질 중 하나는 의사결정 능력이다. 의견들이 서로 극렬히 대립할 때 판단을 내리기란 어려운 일이다. 이때야말로 리더의 판단력이 요구되는 순간이다. 또한 그런 때야말로 리더의 개성이 발휘되는 순간이다.

CEO마다 의사결정 스타일은 다르다. 전문가들의 의견만 듣고 즉각적으로 판단을 내리는 유형이 있는가 하면, 몇 번에 걸쳐 심사숙고하는 유형도 있다.

판단을 내리기 전에 정보를 취합하는 방식도 제각각이다. 그 방면 전문가의 의견을 우선시하는 사람이 있는가 하면, 스스로 관련 지식을 꼼꼼히 챙기는 사람도 있고, 다양한 의견들을 광범위하게 취합해서 결정을 내리는 사람도 있다.

예를 들어 현대건설의 정주영 회장은 과감하고 즉각적인 판단을 내리는 스타일이었다. 정주영 회장은 특유의 카리스마로 좌중을 압도해서 본인의 판단대로 결정을 내리곤 했다. 결정을 내리기까지 나름의 심사숙고를 했지만 일단 판단이 서면 과감하게 실행에 옮기는 스타일이었다.

반면 9·11사태 이후 뉴욕시를 성공적으로 재건한 줄리아니 전 뉴욕시장은 심사숙고하는 스타일이다.

"의사결정에서 가장 중요한 것은 무엇을 결정하느냐보다 언제 하느냐이다. 나는 언제까지 결정을 내려야 한다는 것에 상관없이 해야만 한다는 생각이 들 때까지는 절대 결정을 내리지 않았다."

의사결정의 신중함을 강조하는 줄리아니의 말이다. 그는 아니다 싶은 판단이 서면 이미 결정한 사항도 몇 번이고 바꾸었다고 한다.

"사람들은 단순히 미결된 과제가 안겨주는 불편함을 끝내고 싶어 문제를 어떻게든 결정하곤 한다. 하지만 결정하는 데에 시간이 오래 걸리면 걸린 만큼 성숙되고 합리적인 결정이 도출되기 마련이다."

줄리아니의 의사결정에 대한 의견이다. 이렇듯 의사결정 방법은 사람마다 제각각이다. 그러나 어떤 유형이든 중요한 것과 부수적인 것, 먼저 해야 할 것과 나중에 해도 될 것을 잘 판단할 줄 알아야 한다.

의사결정 방법에 어떤 정답이 있는 것은 아니다. 자신의 스타일에 맞는 의사결정 능력을 발전시키면 된다. 그리고 자신의 결정이 조직 전체의 운명을 좌우할 수 있음을 항상 염두에 두어야 한다. 그런 면에서 결정을 내리는 것 못지않게 중요한 것이 결정을 내리는 과정이다.

나는 시장에 부임한 뒤에 주간 회의를 실질적인 의사결정 기구로 만들었다. 주간 회의에서는 중요한 업무나 의제에 대해 해당 부서뿐 아니라 관계 부서의 의견도 들을 수 있었다. 그 시간이야말로 시청의 전 부서 사람들이 모이는 드문 기회였다. 설사 자기 부서와 관련이 없는 이슈라도 자연히 공유될 수 있었다.

이런 좋은 기회를 업무 보고나 하는 자리로 만드는 것이 아까웠다. 그래서 나는 주간 회의를 형식적인 자리가 아니라 정책을 결정하는 자리로 만들었다.

회의를 활용하니 의사결정 과정이 간소화되는 이점도 있었다. 부서 담당자와 중간관리자와 임원을 거치는 결재 과정이 줄어드는 것이다. 주간 회의 자리에서 내린 결정이 곧 결재로 이어졌다.

그런데 회의가 의사결정 기구가 되기 위해서는 전제 조건이 있다. 회의 자리에서 의제에 대해 최대한도로 활발한 토론이 이루어져야만 한다는 것이다. 그래야만 충분한 의견 수렴이 이루어질 수 있다. 그래서 내가 주관하는 주간 회의는 점잖은 회의가 아니었다. 때로는 고성이 오갈 정도로 논쟁과 토론이 난무했다.

청계천 복원을 마쳤을 때의 일이다. 청계광장에 기념 조형물을 세우자는 아이디어가 나왔다.

"청계광장은 청계천이 시작되는 부분인데, 그냥 밋밋하게 가는 것
보단 기념 조형물을 세우면 서울의 명물이 될 것입니다."

좋은 아이디어였다. 곧 건축 설계하는 전문가들의 의견을 수렴했
다. 아이디어들을 추린 결과 유력한 안이 나왔다. 청계광장에 시민
들이 올라가서 청계천을 한눈에 조망할 수 있는 구조물을 세우자는
안이었다. 국내의 제철회사와 설치 미술가가 이 거대 구조물을 직접
설계하고 시공할 예정이었다.

"철골 구조물은 직경 2~3m, 높이 8~9m 가량 되는 것으로 뫼비
우스의 띠처럼 기하학적인 모양으로 설계될 것입니다."

그런데 누군가가 설계역학적인 면을 우려하고 나섰다.

"그렇게 무거운 건축물이 들어선다면 지지대가 하중을 견뎌낼 수
있을지부터 조사해야 하지 않을까요?"

다른 시각의 반대 의견도 제기되었다. 청계천의 정체성에 관련된,
보다 근본적인 문제 제기였다.

"청계천이 뭡니까? 개발과 성장의 시대에서 환경과 인간의 시대
로 넘어가는 상징적인 하천이 아닙니까? 그런데 그런 시점부에 개
발주의 시대에나 어울릴 법한 철골 구조물을 세우는 게 타당한 일일
까요?"

"꼭 그렇게만 볼 게 아닙니다. 어쨌든 청계천은 시민들의 것입니
다. 좀 더 많은 사람이 그 구조물에 올라가서 청계천을 조망할 기회
를 얻는다면 그것도 의미 있는 일 아닙니까."

철골 구조물 설치에 대해 찬성과 반대 의견이 팽팽히 맞섰다. 나

는 간부들과 담당자들이 토론하는 모습을 지켜만 보았다. 내가 간섭하면 오히려 토론이 중지될 것 같았기 때문이다. 찬성이나 반대나 모두 나름의 논리가 있었다.

찬성론자들은 시민들에게 보다 많은 서비스를 제공해야 한다는 기능론적 관점에서 접근하고 있었다. 반면 반대론자들은 청계천의 본질과 역사성을 고려해야 한다는 의미론적 관점에서 접근하고 있었다.

찬성과 반대로 의견이 나뉘자 자신들의 의견을 뒷받침하기 위한 각종 논거들이 동원되었다. 결국 그날은 아무런 결론도 내리지 못했다.

이후 철골 구조물 논쟁은 청계천 복원 사업 후반부의 뜨거운 감자로 떠올랐다. 수많은 논쟁을 하면서 몇 개월을 흘려보냈다. 하지만 결코 헛된 시간이 아니었다. 철골 구조물 논쟁이 청계천의 위상과 의미에 대한 새로운 담론들을 이끌어냈기 때문이다.

"과연 청계천은 또 다른 근대화의 산물로 그칠 것인가, 새로운 시대를 여는 환경과 생명의 젖줄로 기억될 것인가?"

수개월간의 논쟁이 안겨준 것은 그런 미래 지향적인 물음이었다. 앞으로 청계천을 어떻게 보존해나갈 것인가 하는 문제와 관련된 것이기도 했다. 그런 시각에서 접근하자 철골 구조물 문제의 해답이 자연스레 나왔다.

"청계천은 개발 시대의 그늘을 털고 친환경, 인간 중심의 생태 공간으로 다시 태어나는 곳입니다. 그런 만큼 개발 시대의 이미지를 풍기는 철골 구조물은 없던 일로 하는 게 좋을 듯싶습니다."

실로 몇 개월간의 토론을 거쳐 나온 결론이었다. 찬성 의견을 냈던 사람들도 할 만큼 했다고 여겼는지 선선히 수긍하는 표정들이었다.

철골 구조물을 철회하는 과정은 회의체가 얼마나 효과적인 의사결정 기구가 될 수 있는지 여실히 보여준 사례였다. 만약 내가 주간회의 시간에 형식적인 보고나 받았다면, 지금쯤 그 구조물은 청계광장에 세워져 있을 것이다.

사사건건 '딴죽'을 거는 이유

CEO는 언제나 보다 나은 결론을 얻기 위해 노력해야 한다. 회의체를 의사결정 기구로 활용할 때도 마찬가지다. 최종 결정을 내리기 전에 한 번 더 의견을 모아야 한다.

만약 누군가 이의를 제기하면 처음부터 다시 검토해야 한다. 그리고 모두가 찬성하면 CEO 자신이 일부러 딴죽을 걸어볼 필요도 있다. 그럼으로써 참석자들에게 한 번 더 생각하게 만드는 것이다. 이런 방법을 통해 보다 나은 결론에 도달할 수 있다.

한강 노들섬 예술센터에 설립될 청소년야외음악당의 설계 디자인을 공모했을 때다. 청소년야외음악당은 함께 설립될 오페라하우스나 심포니홀에 비해 상대적으로 비중이 크지 않은 시설이다. 조경을 잘하고 약간의 시설 공사만 하면 오페라하우스와 심포니홀이 건설

되는 동안 개장할 수도 있을 것 같았다.

그런데 디자인 공모를 통해 확정된 설계자가 가져온 안들이 예상보다 화려했다. 설계자가 제시한 것은 두 가지 안이었다. 설계자는 모든 간부가 참석한 자리에서 설계한 디자인의 기본 철학부터 장단점까지 두 가지 안을 비교하며 설명했다. 두드러지게 표가 나진 않았지만 그가 좀 더 강조한 것은 A안이었다.

"오늘 A안과 B안 두 가지 중 하나를 선택해주시면 다음에 더 발전된 실시 설계도를 가져오겠습니다."

나는 한 간부의 의견을 먼저 들어보았다. 내게 올라오기 전에 그에게 보고가 된 상태라는 것도 알고 있었다. 그 간부는 A안이 좋다고 말했고, 다른 간부들도 이견이 없어 보였다. 내가 오케이만 하면 이제 설계안이 A안으로 확정되는 셈이었다. 그러나 나는 너무 쉽게 결정된다는 점이 좀 아쉬웠다. 더 나은 안이 나올 수 있으리란 생각에서였다.

"나는 B안이 좋은 것 같은데, 대변인은 어떻게 생각하세요?"

나는 한마디 툭 던지듯이 그렇게 말했다. 특별히 B안이 마음에 들었던 것은 아니다. 참석한 간부들이 이미 결정난 사항이라는 듯 별로 관심을 안 갖는 게 마음에 걸렸던 것이다. 또한 설계자가 유도하는 쪽으로 끌려간다는 생각이 들기도 했다. 내가 질문을 던지자 회의 자리에 새삼 긴장감이 감돌았다.

"A안하고 B안 사진, 좀 더 키워보세요. 한번 다시 보도록 하죠."

내 질문을 받은 대변인이 별안간 자세를 고쳐 앉았다. 그제야 다른 간부들도 좀 더 관심을 갖고 설계안을 지켜보았다. 설계자에게 많은 질문이 갔고, 또다시 어떤 안이 좋을지에 대해 토론이 붙었다. 외국의 유명한 오페라하우스와 야외음악당에 대한 사례들도 거론되었다. 그들이 토론하는 모습을 지켜보니 흡족한 마음이 들었다.

설계자가 가져올 때부터 설계안은 거의 A안으로 정해진 것이나 다름없었다. 그러니까 B안은 구색을 맞추기 위한 것이었다. 나는 그래서 일부러 B안이 좋다고 말했던 것이다. 토론이 계속되자 판단을 내리기가 더 어려워졌다. 이번에는 설계자에게 물었다.

"그래, 설계자께서는 둘 중 어느 게 더 마음에 드십니까?"

"저는 물론 A안이 마음에 듭니다. 그런데 솔직히 말씀드리자면 A안은 제가 직접 디자인한 것이고, B안은 저보다 훨씬 젊은 사람이 디자인한 것입니다."

설계자는 그제야 속사정을 털어놓았다. 그건 실무 담당자조차 몰랐던 사실이다. 대다수 간부들이 결국 설계자의 주장에 이끌려 A안에 손을 들어줬던 것이다. 나는 고개를 끄덕거리고 최종 결론을 내렸다.

"그럼 다음에는 A안을 바탕으로 하되 B안의 장점을 반영해서 가지고 오세요."

설계자는 그날 토론에 깊은 인상을 받은 듯 더 나은 설계안을 준비했다.

회의 많은 회사치고 잘되는 회사 없다는 통설이 있다. 안 되는 회사일수록 회의가 잦다는 것이다. 그런 통설 때문인지 회의 시간을 되도록 짧게 하는 회사들이 늘어나고 있다. 의자를 없애고 스탠딩 회의만 하는 회사도 있고, 점심을 먹으면서 회의를 하는 회사도 있다.

그러나 나는 생각이 다르다. 회의가 그렇게 부정적으로 평가되는 것은 그 성격이 변질되었기 때문이다. 회의 자리가 높은 사람의 일장 연설을 듣거나 형식적인 보고나 하는 자리라면 줄이는 게 당연하다.

하지만 회의의 긍정적인 면을 살리면 사정은 달라진다. 활발한 토론은 회의가 가진 최고의 강점이다. 의견들은 서로 부딪히면서 더 나은 의견과 사고를 생산한다. 그러므로 일부러 토론을 만드는 일도 필요하다.

모두가 동의하는 일에 이의를 제기하고 딴죽을 거는 것도 회의라는 통로의 의의를 살리는 일이다.

4

경쟁
Competition

·
·
·

열정을 불러오는 경쟁의 힘

.

부서의 '벽'을 부숴라

역량을 강화하려면 무엇보다 구성원들에게 적절한 동기를 부여해
자발적인 헌신을 끌어내야 한다. 구성원들에게 동기를 부여하는 방
법에는 크게 두 가지가 있다. 하나는 경쟁이고, 다른 하나는 포상이
다. 특히 구성원들 서로를 경쟁시키는 것은 매우 효율적인 방법이다.

모든 조직은 서로 간의 경쟁을 통해 발전한다. 경쟁이 없는 조직
은 나태해지고 결국 퇴보하기 마련이다. 경쟁은 모든 분야에서 발전
의 원동력이다.

물론 경쟁 못지않게 협력도 중요하다. 조직 간의 경쟁이 지나치면
역효과가 나타날 수 있다. 반대로 협력이 지나치면, 무책임과 안일

로 이어질 수 있다. 요컨대 경쟁과 협력은 조직 운영에 균형을 잡아주는 양날개인 것이다. 경쟁과 협력, 이 두 가지가 적절히 조화를 이룰 때에 조직은 비로소 발전한다.

서울을 경영하는 동안 나는 협력보다는 경쟁에 더 많은 비중을 두었다. 공공조직은 경쟁이 절대적으로 부족한 곳이었기 때문이다. 나는 부서끼리, 혹은 구성원들끼리의 경쟁을 통해 기업 마인드가 뿌리내리기를 원했다.

이따금 나는 사업을 특정부서로 국한시키지 않았다. 그것은 부서끼리 경쟁을 유도하는 내 나름의 방식이다. 어느 부서에서 주관해야할지 성격이 애매한 사업들이 있다. 그런 사업들은 어느 한 부서에 떠맡기기보다 스스로 하겠다고 자원하는 부서가 나타날 때까지 참고 기다린다. 그러다보면 나중엔 자연스레 부서 간 경쟁이 이루어진다.

처음에는 머뭇거리다가도 시간이 지나면서 서로 하겠다며 경쟁이 치열해지기도 한다. 그런 과정으로 사업의 주관부서가 정해지면 사실상 부서 할거주의가 불가능하다. 모든 부서에 정보가 공개되기 때문이다. 즉, 정보는 공개하되 일은 경쟁적으로 하는 새로운 조직 문화가 정착되는 것이다.

서울시에 컨벤션(국제회의) 뷰로(Convention & Visitors' Bureau)를 설치한 것도 부서 간 경쟁을 유발한 사례다.

컨벤션 뷰로는 컨벤션 개최지에 대한 정보를 제공하고 컨벤션 유치에 주력할 일종의 컨벤션 사무국을 말한다. 컨벤션 개최가 확정되면 대회가 원활히 열릴 수 있도록 주최측과 참가자들에게 필요한 서비스를 제공하는 역할도 한다.

컨벤션 산업은 대도시에 맞는 새로운 서비스 산업이라 할 수 있다. 컨벤션을 개최하는 도시는 관광객 증대는 물론 국제 비즈니스의 중심지로서 도시 이미지 증대 효과를 갖는다. 컨벤션 개최는 그것 자체로도 고부가가치를 창출한다. 컨벤션 참가자들의 일인당 체류비가 일반 관광객의 몇 배에 해당한다는 통계도 나와 있다. 이 때문에 세계의 각 도시들은 컨벤션 유치에 저마다 혈안이다.

"컨벤션 산업은 시 차원에서 적극 지원해야 하는 사업입니다."

"도시 정부가 컨벤션을 유치할 수 있도록 민간회사들을 지원해야 합니다."

취임 전에도 이 같은 주장들은 많았다. 그러나 이전 서울시 정부에서는 컨벤션 뷰로 개설에 소극적이었다. 민간에서 이미 컨벤션을 잘 유치하고 있다고 판단해서였다.

그러나 조금만 눈을 세계로 돌리면 사정은 달라진다. 세계적인 도시들은 민간 주도이든 정부 주도이든 대부분 컨벤션 뷰로를 설치해 컨벤션 개최에 적극 나서는 중이다. 하물며 부산이나 대구, 제주도 같은 지방자치단체도 시 정부에서 컨벤션 뷰로를 설치하고 있다. 즉, 컨벤션 유치 경쟁이 도시와 나라마다 점점 치열해지고 있는 것이다. 그런 상황에서 서울만 민간에 맡긴 채 손 놓고 있을 수는 없었다.

나는 부임하자마자 공보관 산하에 마케팅담당관부터 신설했다. 이젠 도시도 마케팅을 해야 한다는 취지에서였다.

"서울시에도 컨벤션 뷰로를 설치하면 어떻겠습니까?"

어느 날, 컨벤션 관련 단체에서 마케팅담당관을 통해 그런 제안을 해왔다. 마침 컨벤션 산업을 육성할 구상에 몰두하던 차였다. 나는 흔쾌히 수락했다.

그런데 시청에서 선뜻 나서는 팀이 없었다. 컨벤션 산업은 엄밀히 보면 산업국이나 문화관광국 소관이었다. 그런데도 그동안의 소극적인 관행 탓인지 아무도 나서지 않는 것이었다.

"도시 마케팅 차원에서 좋은 기회일 것 같습니다. 저희 부서에서 한번 해보겠습니다."

그렇게 자처하고 나선 것은 다소 엉뚱하게도 마케팅담당관이었다.

"그래요? 다 이런 일들이 서울시가 세계적인 도시로 성장하는 데 밑바탕이 되는 겁니다. 한번 열심히 해보세요."

마케팅담당관이 일에 착수했지만 쉽지는 않았다. 청계천 관련 국제회의를 유치하기 위해서는 산업국과 문화관광국의 협조가 필수였다.

즉, 컨벤션을 유치하려면 코엑스 국제회의장이나 프레스룸과 같은 국제 규격의 컨벤션 시설과 숙박 시설을 확보해야만 한다. 그런데 컨벤션 시설은 산업국 소관이고, 숙박 시설은 문화관광국 소관이었다. 컨벤션 지원 기금을 쥐고 있는 것도 산업국이나 문화관광국이었다. 그 둘로부터 정보와 명단을 얻어내고 협조를 구해야 하는 것이었다. 또한 국제회의기획업체(PCO), 여행업계, 호텔 등 관련 업계가 의견이 분분하여 진척이 잘되지 않았다.

"시와 업계가 각각 50%씩 투자하되 참여한 업체에는 인센티브를 주는 매치펀드(match-fund)를 제안하면 아마 업계에서도 환영할 겁니다."

매치펀드 아이디어 덕분에 다시 사업은 활기를 띠었다. 분위기가 무르익었다고 판단되었을 때에 각 호텔 대표에게 초청장을 보냈다. 대표들을 만나 실질적인 협의를 하기 위해서였다. 그런데 회의 날짜가 되자 초청자의 두 배가 넘는 사람들이 몰려왔다.

펀드 참여를 망설이던 업체들이 급선회를 한 데는 이유가 있었다. 참가 업체들에게 컨벤션 참가자들의 숙박 등을 우선적으로 알선하겠다는 인센티브 조항 때문이었다. 그날 이후 사무식 개설은 일사천리로 이루어졌다. 이후 몇 차례 우여곡절을 겪기도 했지만 서울컨벤션뷰로는 2005년 마침내 개설될 수 있었다.

컨벤션 뷰로 개설이 예상외로 잘 마무리되자 다른 부서들의 생각도 많이 바뀌기 시작했다. 자기 팀의 성과가 되지 못한 것에 후회하는 듯했다. 그 후, 다른 업무를 맡길 때는 처음부터 적극적인 자세를 보였다.

만약 내가 컨벤션 뷰로 개설을 망설이고 있던 팀에 맡겼다면 어떻게 되었을까? 아마도 일은 난항을 겪었을 것이다. 먹기 싫은 음식은 억지로 먹어보았자 체하기만 한다.

컨벤션 뷰로 설치 이후, 서울은 컨벤션 유치에서 세계 15위에서 10위로 도약했다. 하고자 하는 의욕을 가진 팀이 일을 맡은 덕분이다.

보이지 않는 경쟁심을 활용하는 법

계약심사과의 신설도 부서끼리의 경쟁 유발에 기여했다. 모든 부서가 스스로 예산 절감을 경쟁적으로 하는 풍토가 조성된 것이다.

계약심사과는 예산 절감을 목적으로 구성한 신설 부서였다. 토목, 건축을 비롯한 각 분야별 원가분석 전문가들을 초빙하는 한편, 내부 직원들도 6개월 과정의 교육을 받았다. 부서에 전문성을 확보하고 장기적으로 내부 직원들을 전문가로 키워내기 위함이었다.

처음에는 모든 부서가 계약심사과와 크고 작은 충돌을 겪었다. 관행을 고치는 데에 익숙하지 않았기 때문이다. 하지만 시간이 지나자 각 부서가 경쟁적으로 예산 절감에 나서는 진풍경이 연출되었다.

사실 계약심사과를 만들겠다는 구상은 서울시장에 출마할 당시에 했던 것이다.

"시장이 되면 서울시 예산을 10% 절감하겠습니다."

시장 출마 당시 내걸었던 공약이었다. 그것은 결코 실천하지 못할 선심성 공약이 아니었다. 예산 10% 절감은 충분히 가능했다. 예산을 편성하고 집행하는 과정을 잘 들여다보면 답이 저절로 나왔다.

예컨대 무슨 프로젝트든 100억 원이면 100억 원, 80억 원이면 80억 원 등 예산 편성과 집행 금액이 일치하는 것이다. 어떻게 처음에 편성한 금액에 딱 떨어지게 사업이 끝날 수 있을까? 그런 의문에 대한 해답은 시민들의 비아냥거림이나 불평에서 힌트를 얻을 수 있다.

"예산액을 남겨두면 안 되니까 괜스레 멀쩡한 땅이나 파 젖히는구면."

누가 특별히 내게 들려준 말이 아니다. 그냥 유머처럼, 혹은 입버릇처럼 그동안 시민들이 흔히 했던 말들이다. 해마다 연말이면 구청 등에서는 남는 불용예산을 처리하기 위해 도로 공사나 보도블록 공사를 벌이곤 한다. 마치 연례행사처럼 그런 일은 해마다 반복되어 왔다. 불용예산을 처리하지 않으면 쓰지 않은 만큼 차기연도 예산이 깎이기 때문이었다.

나는 취임 후에 그런 관행부터 뜯어고치기로 마음먹었다. 강도 높은 예산 절감 대책에 들어갔고, 그 중심에 계약심사과가 있었다.

계약심사과는 기존의 계약 관행을 파격적으로 바꿔나갔다. 기존 계약들은 각 부서 안에서 처리되었기 때문에 정보 공유는 물론 협조나 연계가 부족했다. 물론 계약의 기본적인 틀은 있었지만 공통분모를 만들기가 쉽지 않았다. 하지만 계약심사과가 생기면서 표준 단가와 고급 정보를 같이 공유할 수 있게 된 것이다.

물론 부작용도 있었다. 계약을 해야 하는 해당부서와 심심찮게 다툼이 일어났다. 해당부서에서 나름대로 빠듯하게 예산을 짜도 계약심사과에서는 긴축을 요구했다.

"너희나 우리나 전문가도 아닌데, 대체 뭘 안다고 자꾸 그렇게 깎는 거야?"

"그 금액으로 하라고? 그럼 당신들이 직접 해봐라."

한동안 계약심사과 직원들과 다른 팀 직원들 사이에 냉랭한 기류가 돌았다. 급기야 직원들은 계약심사과를 '저승사자'라고 부르며 아예 집단 따돌림이라도 할 태세였다. 하지만 그런 충돌을 겪는 와

중에 계약심사과는 차츰 자리를 잡아갔다.

한편 서울시 관내 공사업자들은 또 업체대로 계약심사과와 전쟁을 벌여야 했다. 이전에는 신공법이나 신기술을 적용하면 무조건 단가를 올려 받았다. 하지만 계약심사과가 신설되고부터 그런 꼼수가 통하지 않았다.

계약심사과에서는 신공법이나 신기술이 적용될 경우 그것이 반드시 필요한 것인지부터 철저하게 따졌다. 또한 공사를 할 경우 관련 자료부터 면밀한 검토에 들어갔다. 공사업체와의 충돌이 없을 수 없었다.

일례로 원남·미아고가도로 철거 공사에서는 절단 관련 전문업체들이 집단으로 반발했다. 업체들은 자료 제출을 거부하거나 근거 없는 서류를 제출하는 등의 비협조적인 태도를 보였다.

"자료를 달라니까 왜 안 가져오는 겁니까?"

"아니, 이전에는 하지 않던 자료 검토를 왜 갑자기 한다고 그러는 겁니까?"

"이제부터는 무슨 공사든지 먼저 관련 자료부터 검토하게 될 겁니다."

"관련 자료는 드릴 수가 없습니다. 회사 기밀입니다."

업체에서는 자료 제출을 거부했다. 그러나 자료 제출을 거부해서 손해를 본 것은 업체들이었다. 서울시는 거듭된 토론과 의견 수렴을 거쳐서 다이아몬드 절단 공법에 대한 서울시의 적정 예산 기준을 마련하고 그에 준하여 사업을 진행시켰다. 두 고가도로 철거 공사에서 절감한 예산이 3억여 원이나 된다.

이 같은 성과들을 통해 계약심사과에서 3년 동안 절감한 금액만도 4472억 원에 달했다.

내가 전 직원과 최초로 식사를 함께 한 부서가 바로 계약심사과였다. 서울시 예산 절감 활동의 돌격대 역할을 자임한 사람들을 격려하기 위해서였다.

계약심사과가 정착하자 각 부서별로 예산을 스스로 절감하려는 노력을 보이기 시작했다. 외부에서 잔소리를 듣느니 알아서 절감하자는 분위기가 만들어진 것이다. 업체들도 부적절한 방법에 의한 부당 이익보다는 사업비 관리나 신기술 개발로 원가를 절감하려고 노력하기 시작했다.

건설안전본부나 상수도본부 등과 같은 서울시 산하부서들도 자체적으로 원가분석 팀을 만들어 예산 절감에 나서기 시작했다. 이런 경쟁적인 절약 풍토는 서울시뿐 아니라 전국에 파급 효과를 불러일으켰다. 울산광역시와 충남 아산시 등에서도 계약심사과를 벤치마킹했다.

현장 일선에서도 경쟁적으로 절약 마인드가 퍼져나갔다. 공사 현장에서 자재를 재활용하고, 유휴 장비를 민간에 대여하거나 물품을 통합 구매하고, 도로 표지판이나 수첩 등에 광고를 유치했다. 누가 뭐라 하지 않아도 서로 경쟁적으로 예산 절감에 나선 것이다.

서울시는 2005년 한 해에만 약 8000억 원의 예산을 절감하는 데에 성공했다.

이러한 예산 절감 금액으로 복지를 늘리는 한편 지하철공사의 빚을 갚고 있다. 하지만 더욱 소중한 것은 구성원들이 절약하는 자세를 가지게 되었다는 것이다. 그리고 그것을 확산시킨 것은 바로 구성원들 간의 보이지 않는 경쟁이었다.

미국의 경영학자 맥그리거(D. Mcgregor)는 1960년대 당시로서는 신선했던 'X이론 Y이론'이라는 가설을 발표한 바 있다. X이론은 "인간은 원래 노동을 싫어해서 경제적 동기에 의해서만 노동하며 지시·명령받는 일밖에는 실행하지 않는다"는 가설이다.

X이론에 의하면 금전적 자극 이외의 동기 부여 방법은 지시와 명령밖에 없다. 반면 Y이론은 "인간은 자기 능력을 발휘해 노동을 통해 자기실현을 바라고 있으며 타인에 의해 강제되는 게 아니라 스스로 설정한 목표를 위해 노동한다"는 가설이다.

맥그리거가 주창한 'X이론 Y이론'의 초점은 '구성원들로 하여금 어떻게 일을 하도록 만들 것이냐?'는 데에 맞춰져 있다. X이론에 기반한 조직은 점점 시대의 흐름에서 밀려나고 있다. X이론은 인간의 자발성이나 자아실현과 같은 동기를 배제함으로써 많은 한계를 드러내고 있기 때문이다.

부분적으로, 또는 일정 기간 지시나 명령과 같은 방법도 효과적일 수는 있다. 그러나 그런 성장 방법으로는 결코 일류 기업이나 조직이 될 수 없다. 최근엔 기업들도 대체로 Y이론 쪽에 무게를 두는 편이다.

즉, 일과 노동을 통한 자아실현에 초점을 맞추고, 구성원들이 그것에 더욱 고무될 수 있는 갖가지 아이디어들을 짜내는 것이다. 기업마다 유행처럼 번지고 있는 '신바람경영', 'Fun경영', '직원들 기살리기'와 같은 프로그램들도 맥그리거의 'Y이론'에 이론적 근거를 둔 것들이다.

바람직한 조직이 Y이론에 바탕을 둔 조직이라면, 동기 부여는 더욱 중요하다.

서울시에 경쟁의 바람이 불기를 바랐다. 그렇다고 경쟁하라고 강요만 하면 해결되는 것일까? 자발적이지 않으면 효과는 없다. 강요가 아니라 경쟁하는 분위기를 이끌어낼 줄 알아야 한다. 즉, 동기 부여가 필요하다는 것이다.

3 · posiTive | 긍정의 힘

긍정과 비관은 관점의 차이일 뿐이다. 그러나 그것은 때로 상상할 수 없는 결과의 차이를 만든다.

실제로, 긍정적인 사람은 매사를 기쁨과 설렘으로 살아갈 수 있고 자기 자신이 가지고 있는 능력의 120%를 발휘할 수 있다. 그러나 부정적인 사고를 가진 사람은 자신에게 주어진 기쁨을 제대로 만끽하지도 못하고 실력 발휘 역시 못하는 경우가 많다.

긍정적인 사고방식은 서울시 CEO로 근무하면서도 나를 지탱시켜준 힘이었다.

2003년 6월, 청계천 복원 착공식을 보름여 앞두고 있을 무렵이다. 착공 예정일은 7월 1일인데 착공할 수 있을지조차 장담할 수 없었다. 산적한 현안들이 아무것도 해결되지 못했기 때문이다. 교통 문제는 물론이고, 상인들과 노점상 대책도 아무런 합의점을 찾지 못했다. 시민단체들은 쓰레기, 교통, 서민의 생존권 보호 등을 이유로 착공을 반대했다.

상인들은 오히려 더욱 강성이 되어 투쟁 일변도로 나아갔다. 입이 바싹바싹 마르던 그때, 한 고위간부가 슬며시 말했다.

"시장님, 착공식은 아무래도 무리일 것 같습니다. 며칠 안 남았는데 아직 해결된 게 아무것도 없습니다."

고위간부 입장에서는 충심으로 나를 생각해주는 소리였다. 그러나 나는 호통을 치며 그를 나무랐다.

"며칠밖에 안 남았다뇨? 아직 며칠이나 남지 않았습니까? 그동안 얼마나 많은 일을 할 수 있는지 아십니까?"

며칠이라는 시간은 길다면 길고 짧다면 짧은 시간이었다. 생각하기 나름인 것이다. 실제로 나는 그 며칠 동안 대통령을 직접 만나 교통 대책을 마련해주겠다는 든든한 지원사격까지 얻어냈다. 이것 역시 긍정의 힘이었다.

며칠밖에 안 남은 것과 며칠이나 남은 것. 고위간부가 내게 포기하라는 언질을 주었던 그때, 며칠밖에 안 남았다고 내가 지레 포기했다면 어땠을까? 청계천 복원은 임기 중 영원히 착공에 들어가지 못했을지도 모른다. 사물을 긍정적으로 바라보는 것이야말로 어려움을 이겨내는 최고의 힘인 것이다.

4 · tIme | 인생을 두 배로 사는 법

시간을 지배하는 자가 곧 인생을 지배한다.

나는 하루에 4시간 이상을 자지 않는다. 어린 시절부터 장사를 해왔는데, 장사 준비를 하기 위해서는 새벽부터 일어나야 했다. 대학교에 들어가서도 이태원 재래시장에서 청소부를 하기 위해서는 새벽 4시에 일어나야 했다.

학업을 병행하다보니 4시간 이상을 자는 게 일종의 사치였고, 그것이 곧 내 체질로 굳어졌다. 외국에 나가서도 시차라는 걸 별로 겪지 않는다. 그것도 체질로 굳어진 셈인데, 덕분에 수행원들이 피곤해하는 기색이라 이따금 미안해지기도 한다.

하루에 4시간만 자는 습관이 체질로 굳어지니까 좋은 점도 많다. 남들보다 최소한 2시간 이상 하루가 길다. 그 2시간을 쪼개서 운동도 하고, 구상도 하고, 못한 독서도 한다.

머리가 맑은 아침 시간에 참신한 구상들을 많이 떠올리는 것도 좋은 점이다. 서울시청 앞 광장의 스케이트장도 이른 새벽 시간에 시장실로 나와서 구상했던 것이다.

또한 4시간만 자다보니 불면증이라는 게 없다. 기업에 있을 때에는 사무실이 강북이고 집이 강남이었는데, 이따금 차가 밀리는 경우가 있었다. 그때마다 나는 꿀

같은 단잠을 잤다. 차가 밀린다고 남들처럼 안달복달하지 않았다. 차가 밀리면 잠이 드는 것도 습관이 되었던 것이다.

그렇다고 억지로 잠자는 시간이나 휴식 시간을 줄이라는 말은 아니다. 자기 자신에 맞는 시간 관리법을 개발하면 된다. 시간은 쓰기에 따라 얼마든지 늘어나거나 줄어들 수 있다. 하기 싫은 일을 하는 사람에게 있어 1시간은 10시간보다 길다. 그러나 하고 싶은 일을 하는 사람에게 10시간은 1시간보다 짧다. 시간의 비밀이 바로 여기에 있다. 일에 대한 열정이야말로 한정된 시간을 늘리는 최고의 노하우인 것이다.

물론 디지털 시대에는 시간 관리도 달라져야 한다. 오전, 오후의 개념이 사라진 지는 이미 오래되었다. 외국에선 이미 약속 시간을 오전 9시 12분, 오후 1시 57분, 하는 식으로 분 단위까지 세분화해서 사용하고 있다. 이제 우리 사회도 허비되는 시간을 줄이기 위해서는 세분화된 시간을 이용할 줄 알아야 할 것이다.

인생의 주인이고 싶다면, 먼저 자기 시간부터 장악해야 한다. 흘러가는 시간을 넋 놓고 바라보며 아쉬워할 것이 아니라 매 시간 매 분을 알짜배기로 써야 한다. 돌아보았을 때 내게 의미 있는 시간이었다는 생각이 들도록 나에게 최대한 유익하게 만들어야 한다.

그러기 위해서는 자기만의 시간 관리법을 개발해야 한다. 그것이 곧 성공하는 인생으로 가는 지름길이다.

CHAPTER

·

·

·

3

TO SUCCESS

위대한 조직을 위한
도전자 정신

위기를 성공으로 이끄는 힘
온몸으로 부딪쳐라

1

도전 정신을 감염시켜라

. . .

"저녁에 박물관 좀 구경합시다!"

서울시에서는 시립미술관이나 역사박물관, 서울대공원 등의 문화 시설을 운영하고 있다. 그런데 이런 문화 시설들은 그동안 대부분 늦게 문을 열고 일찍 문을 닫았다.

서울에 사는 회사원 갑돌이가 갑순이를 미술관에 데려가 폼 좀 잡아보려고 해도 평일엔 불가능했다. 시립미술관의 폐장 시간이 너무 빨라서 퇴근 후에 가면 닫힌 문을 확인하고 발길을 돌려야 했다. 결국 갑돌이는 번번이 미술관 앞에 있는 햄버거 가게에서 갑순이를 만날 수밖에 없었다.

'단 한 명의 시민이 불편을 느끼는 부분도 시정하도록 노력해야 할 텐데, 수많은 직장인이 불편을 느끼고 있는 부분인데도 그냥 시

행되고 있다니….'

그러나 그것은 오랫동안 굳어진 관행이었다. 확실히 변화해야 했으나 어디에서부터 접근해야 할지가 문제였다.

시장에 취임한 지 얼마 되지 않은 일요일이었다. 마침 서울대공원을 방문할 기회가 있었다. 대공원은 삼삼오오 손을 잡고 나온 가족 단위 시민들로 북적거렸다. 그런데 그날 나는 놀라운 사실을 알게 되었다. 휴일에는 대공원의 직원들이 평일보다 적게 근무한다는 것이었다. 그럴 수밖에 없었다. 직원들도 휴일에는 다른 시민들처럼 집에서 쉬기를 원하기 때문이다.

'평일보다는 사람들이 많이 몰리는 휴일에 더 일해야지. 누가 보아도 비효율적인 체제이다.'

서울대공원과 같은 문화 서비스 기관에서 일반 기업체와 똑같이 출퇴근 제도를 운영하고 있다는 것이 이해되지 않았다. 아무리 좋게 해석해도 행정편의주의 발상이라는 비난을 피하기 어려웠다.

'그럼 일이 많아 일찍 퇴근할 수 없고, 휴일에도 바쁜 사람들은 미술관이나 박물관이나 동물원에 갈 수도 없는가?'

이번 참에 나는 문제를 한꺼번에 시정하기로 결심했다. 시민들에게 문화생활을 즐길 수 있는 기회를 넓혀주고 지금껏 느꼈던 불만들을 해소시켜야겠다고 생각한 것이다.

문제는 방법론이었다. 그동안의 관행에 길들여진 현장 공무원들은 문제의식을 별로 못 느끼는 것 같았다. 사실 문화 시설의 평일 개관 시간을 연장하고 출퇴근 제도를 고치는 것은 말 한마디로 가능했다. 하지만 강제적인 방법을 쓰면 그 효과가 얼마나 갈 수 있을지 의문이었다. 나는 고민 끝에 다소 시간이 걸리더라도 자율적인 변화를 유도해보기로 했다.

어느 날, 간부 회의를 끝내고 담당 간부에게 이렇게 물었다.

"이번에 미술관에 전시되는 작품을 꼭 보았으면 합니다. 그런데 낮에는 바빠서 갈 수가 없고 일을 끝내고 가면 폐장 시간을 넘기는데 어떻게 해야 됩니까?"

"걱정하지 마십시오. 오시는 시간에 맞춰 문 열어놓겠습니다."

내 질문에 담당 간부가 망설임 없이 대답했다. 어느 정도 예상한 대답이었다. 하지만 역시 실망감이 들었다.

"시장이라고 그렇게 특혜를 받아도 되겠습니까?"

나는 농담조로 문제의 핵심을 슬그머니 건드렸다. 내 의중을 모르는 간부는 떨떠름한 표정을 지었다. 그날은 그 정도 선에서 그를 돌려보냈다.

그 다음 간부 회의 때, 나는 또 그를 불러 물었다.

"내가 아는 미술학도가 있는데 그 친구가 그 작품을 꼭 보고 싶다고 합니다. 그도 나처럼 미술관 개장 시간에는 도통 시간을 낼 수가 없다고 하는데 어떡하지요?"

또 비슷한 질문을 던지자 간부들이 뭔가 눈치를 채는 느낌이었다. 하지만 그 자리에서 "운영 시간을 바꾸겠다"는 말은 나오지 않았다. 나도 더 이상 아무 말도 않고 그를 돌려보냈다.

그렇게 한 달여가 지났다. 나는 마지막으로 그에게 질문을 던졌다.

"이번에 국내에 오기 힘든 작품이 전시된다지요? 꼭 가서 보고 싶지만 개장 시간을 맞추지 못해 안타까워하는 사람들이 많을 텐데요."

간부들은 그제야 무언가를 깨달은 듯했다. 나는 간부들이 어떤 개선책을 내놓을지 기다려보기로 했다. 그로부터 3개월쯤이 지났을 때였다. 내게 결재서가 하나 올라왔다.

"시립미술관과 역사박물관의 평일 개장 시간을 연장하도록 하겠습니다. 또한 대공원과 같은 시설에는 출퇴근제를 바꿔서 시민들이 휴일에 이용하는 데에 차질이 없도록 하겠습니다."

나의 의도가 잘 전달된 것에 대해 내심 기뻤지만 나는 그저 이렇게 답했다.

"그거 좋은 생각입니다. 시민들이 훨씬 편리하게 시설들을 이용할 수 있겠네요."

3개월이라는 시간이 걸렸지만 그것은 결코 낭비한 시간이 아니었다. 담당 공무원들은 나름대로 심사숙고하고 많은 토론을 거쳤을 것이다. 그리고 그것들을 통해 개장 시간 연장의 필요성에 대해 새삼 깨달았을 것이다.

나는 성격이 급하고 일을 빨리 해치워야 직성이 풀리는 스타일이다. 그렇다면 성격대로 일방적으로 지시를 내리고 빨리 시행시키는 편이 나았을까? 하지만 내 임기가 끝나고 차기 시장이 부임하기 전에 관람 시간이 다시 원위치 되지 말란 보장이 없었다. 담당 공무원들 또한 강제적인 방법으로 인해 불만을 가졌을 것이 뻔했다.

진정한 변화는 자발적이어야 한다. 그래서 시간이 필요할 수밖에 없다. 특히 오래된 관행을 깨뜨리기 위해서는 무엇보다 시간이 필요하다. 변화시키는 것이 아니라 변화하도록 만들어야 했던 것이다. 서울시에서 운영하는 문화 시설의 평일 개관 시간을 연장한 것은 변화에서 자율성이 얼마나 중요한지 보여준 사례이다.

리더나 CEO가 자율적인 변화를 유도하는 것은 기업 경영에서도 매우 중요한 사항이다. 세계적인 베스트셀러 저자 짐 콜린스(Jim Collins)는 "비전 기업의 CEO는 대체로 시간을 알려주는 사람이 아니라 시계를 만드는 사람"임을 지적한 바 있다.

자신이 스스로 나서서 정력적으로 기업을 변화시키는 게 '시간을 알려주는 행위'라면, 조직원들 스스로 변화하게 하는 것은 '시계를 만드는 행위'에 비유될 수 있다. 물론 변화를 주도하는 방법론은 쉽게 판단하기 힘든 문제이다.

"강제적인 방법을 쓸 것인가, 자율적인 방법을 쓸 것인가?"

이러한 문제는 조직이 처한 상황에 따라 달라질 것이다. 일정 부분 강제적인 게 효과적일 때도 있고, 자율적인 게 효과적일 때도 있다. 그때그때 상황에 따라 다른 방법이 적용되어야 하는 것이다.

강제적인 방법은 즉각적이고 확실한 변화를 유발하는 대신 반발이 강할 수 있다. 반면 자율적인 방법은 반발이 적은 대신 시간과 비용을 너무 많이 지불할 위험이 있다.

만약 기업이나 조직이 위기 상황이거나 지나친 타성에 젖어 있다면 강제적인 방법이 불가피할 것이다. 그러나 기업이나 조직의 상황이 그리 급박하지 않다면, 시간과 비용을 들이더라도 자율적인 방법을 쓰는 것이 좋다. 조직원들 스스로 변화의 당위성을 느껴야만 하는 것이 중요하기 때문이다. 강제적으로 변화를 주도하는 방법은 자칫 CEO가 떠나는 순간 모든 것이 과거로 회귀할 수도 있다.

민선 3기 서울시장으로서 내게 요구된 것은 한마디로 말해 혁신가의 역할이었다.

서울시 공무원 조직에 가장 필요한 것은 '혁신'이었다. 변화와 혁신은 더 지체할 수 없는 시대적 소명이었다. 그것은 서울시를 세계 일류 도시로 만들기 위해 각종 시설과 인프라를 구축하는 것 못지않게 중요했다.

그런데 혁신가가 되기 위해선 극복해야 할 난관들이 많았다. 오랫동안 걸어온 길을 부정하고 방향 전환을 하는 것이기에 반대하는 사람들이 나타났다. 자율적인 방법을 주로 했지만 때에 따라 강제적인 방법을 병행해야 했다.

그래도 놓치지 말아야 할 것이 있다면 그것은 조직원들에게 혁신의 당위성을 이해시키는 일이었다. 그러기 위해서는 조직원들과의 신뢰 구축이 무엇보다 필요했다. 혁신이 서울시의 발전에 필연적인 것이고 나부터 발 벗고 나설 것임을 믿게 해야 했다. 물론 신뢰란 하루아침에 쌓이는 것이 아니다. 조직원들과 흉금을 털어놓고 인간적으로 다가가는 과정에서 시나브로 쌓여가는 것이다.

나는 시장 부임 후 가끔 고위직들과 문화 행사를 가졌다. 직원들과 대화의 시간을 갖기 위해서였다. 음악회나 뮤지컬 등을 감상하고 나서 그들과 생맥주를 마시며 대화를 나눈 시간들은 매우 즐거웠다. 딱딱한 회의실이 아닌 까닭에 어느 정도 속내를 털어놓는 것도 자연스러웠다.

그리고 시청 이곳저곳에서 살림을 돌보고 있는 현장 8~9급 공무원들과도 시간이 허락하는 대로 문화 행사를 갖기 시작했다. 문화 행사에 참가한 공무원들의 반응은 예상보다 훨씬 좋았다.

처음으로 하위급 여성 공무원들과 음악회 공연을 보고 뒷풀이 시간을 가질 때였다. 느닷없이 옆에 있던 여직원들이 팔짱을 끼더니 셀프 카메라로 사진을 찍는 것이었다.

"시장님, 치~즈!"

동료 직원들이 웃음을 터뜨리고 다소 어색했던 분위기가 누그러졌다. 여직원들의 활발하고 발랄한 모습에 나도 기분이 절로 유쾌해졌다.

"시장님, 러브샷!"

이번에는 다른 여직원이 팔을 돌리며 건배를 제의해왔다.

첫 번째 모임에서만 그런 게 아니었다. 말단 직원들과 문화 공연을 보고 생맥주 타임을 가질 때면, 언제나 분위기가 화기애애했다.

하급 직원들은 고위직 공무원들이 감히 하지 못하는 질문도 거침없이 던졌다. 때로는 입장이 난처해질 때도 있었다. 배석한 구청장들이 하급 직원들의 당돌함에 놀랄 정도였다. 그러나 나는 그런 그들의 모습에 내심 흡족했다. 그들이 그렇게 내게 질문을 던지는 동안 높기만 했던 벽이 허물어지고 있음을 느꼈기 때문이다.

업무에 쫓기다보니 그런 시간들을 자주 갖지는 못했지만 그러한 경험들은 내게 무척이나 소중한 교훈을 주었다.

'나부터 먼저 마음을 열면 사람은 누구나 다 통하게 되는구나.'

그것은 소박하지만 소중한 교훈이었다. 직원들은 그 자리를 통해 나에 대한 선입견을 풀게 되었고, 나 또한 그랬던 것이다.

현장의 직원들과도 벽을 없애려고 노력한 결과였을까? 취임 후 얼마간 시간이 지나자 나를 대하는 직원들의 태도가 몰라보게 달라졌다. 시청 복도에서 마주치면 슬금슬금 피하던 직원들도 언제부턴가 스스럼없이 다가와 인사를 했다. 내게는 그것이 단순한 친근감으로만 보이지 않았다. 어느덧 직원들 한 명 한 명과 나 사이에 가로놓인 벽이 허물어지면서 신뢰가 형성되고 있다는 증거였다.

서울시청에 분 변화의 바람이 성공을 거두었다면, 그건 서울시 4만 5000여 공무원과 나 사이에 형성된 신뢰가 원동력이었다. 신뢰만 탄탄하다면 강제적인 방법이든 자율적인 방법이든 위험부담은 가벼워진다.

성과 중심적으로 사고하라

나는 서울 경영에 기업 마인드를 도입하기 위해 노력했다. 내가 갖고 있던 기업 경영의 지식과 경험을 시정에 접목시키기 위해 혼신의 힘을 다했다. 서울시 조직에 변화와 혁신을 일으키고 그것이 자율적으로 뿌리내리도록 했다. 이러한 노력으로 기업 마인드가 시정에 정착되기를 원했다.

그렇다면 기업 마인드의 핵심은 무엇일까? 나는 그것을 도전자 정신이라고 정의하고 싶다. 내가 말하는 도전자 정신이란 과거에 안주하지 않고 변화를 적극 받아들이는 정신, 어려운 상황에도 포기하지 않고 도전하는 정신, 성과 중심적으로 생각하고 결과에 책임지는 정신을 가진 사람을 말한다. 쉽지는 않지만 불가능한 변화도 아니었다.

세계는 지금 거대한 변화의 소용돌이 한복판에 놓여 있다. 변화는 국경이 없어진 글로벌 시장이 몰고 온 변화이자 전방위적으로 불어닥친 디지털 패러다임의 변화이다. 이런 시대 흐름을 타고 기업과 개인은 더욱 격렬해진 생존 경쟁에 내몰리고 있다. 그러므로 도전자 정신은 생존을 위해 필수적으로 갖춰야 하는 정신이다.

진정한 도전자가 되려면 시대의 변화 속도보다 한 걸음 앞서나가야 한다. 그동안 시대의 변화에 가장 민감했던 것은 기업들이다. 최근에는 공공기관도 시대적 흐름에 부응하기 위해 많은 변화를 시도하고 있다. 서비스 마인드를 향상시키는 것도 그런 노력의 일환이다.

시장에 출마하던 당시 나는 '국가 경영'과 'CEO형 지도자'라는 용어를 사용했다.

"CEO 출신이라고 서울시를 무슨 일개 기업처럼 운영할 수 있다고 생각하나?"

많은 사람이 생소하게 생각했고, 간혹 냉소를 보이는 사람도 있었다.

그러나 그것은 내가 최초로 말한 개념이 아니었다. 이미 세계는 각 분야에서 'CEO형 지도자'를 원하고 있었다. 냉전 시대와 이념 경쟁이 끝나면서 지도자들은 "국민을 어떻게 하면 잘살게 할 수 있을까?"를 고민하기 시작했다. 공무원들 또한 국민들에게 보다 적극적인 서비스를 제공해야 하는 시대가 된 것이다.

포기하지 않고 뛰어들기 위해서는 아무리 힘든 상황이라도 긍정의 힘을 믿어야 한다. 조직원의 선장 역할을 해야 할 리더는 더욱 그렇다.

나는 살아오면서 어려운 상황을 여러 번 겪었다. 그러나 아무리 어려운 상황이라도 그때마다 이겨내려는 노력을 포기하지는 않았다. 아마도 그런 정신은 어린 시절 어려운 환경에서 살아오면서 자연히 키워졌을 것이다. 그 시절부터 내 가치관의 핵심은 좌절할지언정 포기하지 않는다는 것이었다.

창조적인 사람이라면 '내가 조직을 위해 무엇을 할 수 있을까?'라고 물을 것이다. '내가 노력하고 있다'는 사실도 중요하지만 얼마나 성과를 낼 수 있느냐를 잊어서는 안 된다. 성과 중심적인 생각은 리더가 얼마나 냉철한 현실감각을 가져야 하는지를 말해준다.

예를 들어 당신과 친분이 두터운 조직원이 있다고 하자. 도전자라면 사적인 감정은 뒤로 하고 그 조직원의 생산성과 성과 가치를 우선 고려해야 한다. 다소 냉정해 보여도 조직 관계 속에서는 이런 사고방식에 익숙해져야 한다.

내가 조직을 위해 무엇을 공헌할 수 있을지를 먼저 고민하는 사람이라면 일의 성과를 위해 자신과 조직의 잠재력을 극대화하는 방향으로 생각을 몰아갈 것이다. 그리고 그런 CEO야말로 도전자 정신을 체화한 사람이라 할 것이다.

도전자 정신을 갖추었다고 누구나 성공한 리더나 CEO가 될 수 있을까? 결론부터 말하면 대답은 'NO'이다.

도전자 정신은 CEO가 갖춰야 할 필요조건이지 충분조건은 아니다. 더욱 중요한 것은 자신이 가지고 있는 마인드와 구체적인 노하우를 조직에 감염시키는 능력이다.

CEO가 생각하는 가치가 '무엇이냐'도 중요하지만 더욱 중요한 건 그것을 어떻게 조직에 '감염'시키느냐이다. 리더뿐 아니라 조직원 하나하나가 도전자로 변해갈 때, 비로소 조직은 지속적인 변화를 이뤄낼 수 있다.

2

변화 마인드

· · ·

조직의 눈을 밖으로 돌려라

우리의 발은 어디를 딛고 있나?

TO 서울시 시장님과 공무원분들께

먼저 과학장학금을 받게 해주신 것에 대해 감사드립니다. 제가 생명과학 분야에 몸을 담은 지도 벌써 8년째입니다. 항상 새로운 것을 연구한다는 매력 때문에 이렇게 박사 과정에 있지만, 매년 학기 초만 되면 학비 걱정이 이만저만이 아니었습니다. 틈틈이 과외를 했고, 늦은 시간까지 학교에서 연구를 했습니다. 저 이외에 많은 친구들이 재정적인 형편 때문에 공부를 접어야만 했습니다. 하지만 과학 장학생으로 선발해주셔서 저는 제 꿈을 이룰 수 있게 되었습니다. 이런 기회가 다른 많은 친구들에게도 돌아갔으면 하는 것이 제 큰 바람입니다.

지난해 어느 대학원생에게 받은 편지글의 일부이다. 편지는 서울과학장학금을 받은 대학원생이 고마움을 전하기 위해 직접 자필로 쓴 것이다.

나는 내게 온 편지들을 언제나 직접 읽어본다. 일일이 답장을 써주지는 못하지만 아무리 시간이 없어도 읽어보기는 한다. 솔직히 나는 이런 편지를 받을 때가 가장 보람 있다.

언젠가는 하이서울장학금을 받은 고등학생의 편지를 읽다가 눈시울이 붉어진 적도 있다. 그 학생이 자신도 "이 다음에 커서 누군가에게 장학금을 주는 사람이 되고 싶다"고 말했기 때문이다. 돈이 없어 고등학교 진학조차 못할 뻔했던 어린 시절, 그리고 등록금이 없어 4년 내내 이태원에서 청소부 생활을 해야 했던 대학 시절이 주마등처럼 뇌리를 스쳐갔다.

쇠는 두드릴수록 강해진다는 속담이 있다. 어렵고 힘든 고난을 견딜수록 사람은 강해진다는 말이다. 어려움에 처한 사람에게 용기를 주는 속담임에는 틀림없다. 그러나 당장 돈이 필요한 사람에게 실질적으로 와닿는 것은 돈이지 교훈이 아니다.

재능과 열정이 있는 학생이 현실적인 여건 때문에 학업을 포기한다면, 그것은 국가적으로도 커다란 손해이다. 즉, 재능 있고 가난한 학생들에 대한 지원은 나라의 경쟁력을 높이기 위해서라도 반드시 실행돼야 하는 일이다.

도시의 경우도 마찬가지다. 도시가 잘되려면 그 도시의 미래를 이끌어갈 우수한 인재들이 많이 배출되어야 한다. 그런 면에서 서울시

정부가 우수한 인재들이 연구에만 몰두할 수 있도록 기초과학연구 생들을 지원하는 문제는 시급한 과제였다. 예전 시 정부에서 이런 지원 제도를 만들지 않았다는 게 오히려 놀라울 따름이었다.

과학장학생 제도가 처음 논의된 것은 서울대학교에서 강연을 했을 때였다. 강연이 끝나고 자연과학대학교수들과 만날 기회가 있었다.

"시장님, 기초과학을 살리는 데에 힘을 보태주십시오."

"네, 저도 기초과학은 꼭 살려야 한다고 생각하고 있습니다만…."

"기초과학이 바탕이 되지 않고선 첨단산업도 사상누각이나 마찬가지입니다."

"맞습니다. 그러기 위해서 필요한 게 무엇인지 기탄 없이 말씀해보시지요."

"기초과학을 연구하는 학생들이 연구에 몰두할 수 있도록 여건부터 만들어주면 좋겠습니다."

나는 교수들의 요구 사항에 긍정적인 답변을 했다. 자연과학교수들은 금방 반색이 되었다.

"기초과학 육성을 위해 지원이 필요한 사항들을 정리해서 다시 찾아뵙도록 하겠습니다."

그렇게 적극성을 보이는 교수들 가운데에는 우리나라 과학계의 미래를 짊어질 우수한 과학자들도 다수 있었다.

사실 기초과학 육성은 시급한 과제였다. 그래도 공대 같은 곳은 기업체로부터 연구 용역을 꾸준히 수주라도 받았다. 그러나 기초과학에 대한 기업의 연구는 전무한 실정이었다. 기초과학에 대한 지원이 없으니 우수한 인력들은 아예 해외로 빠져나갔다.

외국에서는 연구 실적에 따라 생활비까지 보조해주는 곳이 많기 때문이다. 결국 우리의 우수한 인력이 해외로 나가서 외국의 연구 실적만 올려주는 악순환이 반복되었다.

"이런 악순환이 계속되다가는 기초과학의 토양 자체가 무너져 내릴지도 모릅니다."

학계에서는 벌써부터 그런 우려가 나오고 있었다. 기초과학 분야야말로 공기관의 지원이 필요했다.

과학장학생 제도는 기초과학 분야의 과학도들을 1년에 300명씩 선발해 서울시에서 장학금을 주는 제도이다. 그런데 과학장학생 제도를 운영하는 데 있어 서울시는 지원만 할 뿐 일체의 간섭을 하지 않는다.

과학장학생 제도의 운영 주체는 기초과학 분야의 현직 대학교수들이다. 교수들이 주축이 되어 과학장학생 기획위원회를 설립하여 평가 기준과 평가 절차 등에 관한 세부 지침들을 만들었다. 서울시에서는 특별한 문제가 없는 한 그들의 의견을 대부분 반영해주었다.

"처음엔 교수들이라 대하기도 어려울 줄 알았는데, 막상 일을 맡겨놓으니 더 신나서 잘하는 것 같습니다. 앞으로도 과학장학생의 운영은 기획위원회에 맡기고 서울시는 지원만 하는 게 효과적일 것 같습니다."

과학장학생 제도를 운영했던 담당국장이 보고했던 내용이다. 이것 또한 교수들과 서울시 공무원들 사이에 벽이 허물어졌음을 보여주는 것이다.

이후에 기획위원으로 참여한 교수 가운데 한 분을 강연장에서 다시 만날 기회가 있었다. 그런데 그 교수가 내 손을 덥석 잡으며 감격하는 것이었다.

"저희는 이제 서울시가 뭘 하겠다 해도 무조건 믿을 수 있습니다."

나는 그가 왜 그러는지 몰라 얼떨떨했다. 나중에 담당국장에게 들은 전후 사정은 이랬다.

과학장학생 기획위원회에서 최초로 지급할 장학금을 서울시에 청구했다. 그런데 그들은 실제 지급되기까지 최소 6개월은 걸릴 것이라 판단했다.

공무원 사회에서 작은 일을 하나 시행하는 데에도 얼마나 많은 절차와 형식이 필요한지 경험상 알고 있기 때문이었다. 그러나 장학금은 3개월도 걸리지 않고 지급되었다. 교수들이 최초 기금을 신청한 게 12월이었는데, 바로 다음 학기부터 장학금이 나갔던 것이다.

빠른 지급을 위해 서울시가 부랴부랴 서두르기는 했다. 짧은 시간에 예산을 잡고 관련 규정 등을 만들어야 했다. 하지만 서울시가 장학금을 빨리 지급할 수 있었던 것은 교수들을 적극 활용했기 때문이었다.

내부 평가를 하고 인원을 선발하는 것을 전적으로 기획위원들에게 맡겼다. 만약 지원을 해준다는 명분으로 서울시가 간섭하거나 운영을 일방적으로 해나갔다면 그토록 지원이 신속하게 이루어지지 않았을 것이다.

"저희도 공무원들을 많이 접해봤는데, 이렇게 빨리 해줄 수 있을 거라곤 미처 생각 못했습니다."

3월 첫 번째 학기에 학자금을 지급해주자 교수들이 이구동성으로 그런 말을 했다고 한다.

서울시는 2006년부터 과학장학생과 함께 인문학장학생도 1년에 300명씩 선발해 지원하고 있다. 인문과학 또한 공공영역으로부터의 지원이 절실한 상황이었기 때문이다.

장학금을 지급하면서 기획위원회 교수들의 제안을 받아들여 운영 방침도 더욱 효율적으로 바꾸었다. 즉,《네이처》나《사이언스》지 등에 제1저자로 등재되면, 특별장학금을 지급하기로 한 것이다. 벌써 3명이 특별장학금의 혜택을 받았는데, 앞으로 더욱 늘어날 것이라는 게 기획위원들의 예상이다. 이는 과학장학금이 우리나라 과학 발전에 실질적으로 기여하고 있다는 증거인 셈이다.

과학장학생 제도는 공공조직도 시민들의 경쟁력 향상에 얼마든지 기여할 수 있음을 보여주었다.

나는 서울이 지방 도시들이 아닌 세계의 도시들과 경쟁해야 한다고 기회 있을 때마다 강조해왔다.

서울이 세계를 바라보고 경쟁해야 하는 이유는 자명하다. '글로벌'과 '디지털'로 대변되는 지금 시대는 전 세계가 하나의 시장으로 통합되고 있다. 통합된 시장에서 살아남기 위해서는 서울도 바로 세계 수준의 도시들과 경쟁해야만 한다.

이런 시대에 공공부문의 역할도 과거와는 확연히 달라져야 한다.

기업 마인드를 갖고 개인과 기업의 경쟁력을 높이는 지원 세력이 되어야 하는 것이다.

그러나 최근까지도 우리나라의 공공부문은 기업의 경쟁력을 높이기보다 발목을 잡는 경향이 많았던 게 사실이다. 시민들이 요구하는 부분만을 겨우 해주면서 그마저도 이런저런 조건들을 까다롭게 적용하는 경우가 많았다.

이런 자세를 다소 거칠게 표현해보면 '인·허가 마인드'라 할 수 있다. 사업의 필요성보다는 정해져 있는 규정이나 규제에 적합한지 따져 '인·허가'를 해주는 것에 만족하는 수준이란 뜻이다. 물론 일의 타당성 여부를 검토하는 과정은 중요하다. 그러나 그것에만 안주할 경우 급속하게 변화하는 시대를 이끌어가거나 따라잡을 수 없다.

공무원 조직에 대한 기업 경영 마인드의 접목은 이런 '인·허가 마인드'에서 탈피하는 것에서부터 시작되어야 했다. 시민들에게 '인·허가'를 해주는 역할에 만족할 게 아니라 시민들에게 다가가는 적극적인 시정을 펼쳐야 하는 것이다.

언젠가 서울시내 모 대학에서 건물을 신축하기 위해 허가를 요구한 적이 있다. 서울시는 교통영향평가나 환경영향평가, 건폐율과 용적률 등의 기준을 들어 난색을 표했다. 대학에서는 연구에 지장이 있다고 해서 거듭 긍정적인 검토를 요청하고 있는 상황이었다.

나는 공무원들에게 보다 유연한 자세로 문제에 접근해달라고 말했다.

"일반 건물을 증축하는 것과 대학 캠퍼스 안에 건물을 증축하는 기준이 꼭 같을 필요가 있나요? 하루 수천 대의 차가 출입하는 상업용 건물과 캠퍼스 내에 연구 목적으로 지어지는 건물의 신축 기준이 같아야 하나요?"

특수한 상황을 고려하지 않은, 기계적이고 획일적인 평가를 지적한 것이었다. 사실이 그랬다. 대학생들이 차를 많이 갖고 다니는 것도 아니고 그 건물에서 쓰레기나 오염 물질이 많이 나올 이유도 없는 것이다.

그동안 중앙정부에서는 수도권의 인구 억제를 위해 대학의 학과 증설이나 시설 확장을 규제해왔다. 서울시가 대학에 대한 행정 서비스에 무심했던 것은 여기에 영향을 받았기 때문이다.

서울의 경쟁 상대는 지방만이 아니다. 세계에 있는 다른 도시들도 경쟁 상대다. 세계를 상대로 경쟁하기 위해서는 서울 소재 대학교들의 경쟁력이 높아져야만 한다. 거기에서 배출되는 인재들이 곧 미래의 서울을 책임질 주역들이기 때문이다.

특히 서울의 경쟁력은 바로 이 우수한 인력들이다. 서울에 소재한 대학만도 모두 58개 학교에 이르는 만큼 서울은 인재의 텃밭이라 할 수 있다. 서울의 경쟁력을 위해서는 이런 차별화된 장점을 더욱 발전시키는 게 중요하다. 하지만 그동안의 규제로 인해 몇몇 대학은 교육 여건이 지방 대학보다 나빠지고 있는 중이었다. 대학 당국들의 하소연과 민원이 무수히 들어왔다.

"민원이 있다는 것은 그만큼 행정 서비스를 필요로 하고 있다는 것 아닙니까? 우리 시각이 아니라 대학 당국의 입장으로 철저하게 돌아가서 민원을 바라보길 바랍니다."

그러자 대학 당국을 대하는 담당 공무원들의 자세도 변하기 시작했다. 대학의 요구를 최대한 반영해 건물이나 시설 신축의 평가 기준을 대폭 완화했다.

변화는 그것에 그치지 않았다. 담당 공무원이 대학 당국을 찾아가 무엇을 필요로 하는지 진지하게 묻고 다녔다. 그렇게 해서 서울시 산학연 협력사업이 탄생했다. 산학연 협력사업은 서울시가 서울 소재 58개 대학과 손잡고 산학협력 기술기반 구축과 각종 산업에 필요한 연구개발, 그리고 인력 양성을 목표로 실시하는 사업이다.

특히 산학연은 서울시와 대학들 간의 신뢰를 바탕으로 시작한 사업이다. 서울시 담당 공무원은 서울 소재 모든 대학의 교수들을 만났다. 서울시가 산학연 사업의 취지를 설명하자 교수들은 처음에 반신반의하는 표정이었다.

'벌써부터 표 관리를 하려고 정치적인 술수를 쓰나?'

담당 공무원이 만나본 교수들의 얼굴에는 그런 표정까지 드러나 있었다고 한다.

"이명박 시장이 대학교수님들한테 인심이나 쓰려고 이러는 게 아닙니다. 서울의 경쟁력을 위한 일입니다. 그래서 대학들에 투자를 하려는 것입니다."

담당 공무원은 산학연 협력사업의 취지를 열심히 설명하고 다녔다. 그게 반복되자 교수들도 마침내 서울시의 진심을 이해하게 되었다.

산학연 협력사업 역시 서울시가 운영에 직접 참여한 것은 아니다. 서울시는 예전까지 30억 원에 불과하던 산학연 사업 지원금을 1년에 1000억 원으로 대폭 확장했고, 서울시 의회에서도 그것을 통과시켜주었다.

대학들은 자체적으로 산학연 포럼을 만들었다. 이 포럼에서 관련 교수들은 산학연 사업을 어떤 방향으로 이끌고 갈 것인지 진지하게 토론했다.

특히 산학연 관련 교수들이 요구하는 관련 규정의 수정도 대부분 들어주었다. 예전에는 없던 이런 유연한 자세에 대학들은 서울시에 더욱 신뢰를 보내왔다.

대학들은 자체적으로 서부권, 동북부권, 중남부권 등의 권역별 교수 모임을 만들고 규정을 만들었다. 그리고 각종 사업에 선정되기 위해 공정한 경쟁을 하기 시작했다. 공모에서 선정까지가 공개적으로 이루어져서 선정 후 잡음이 없어진 것도 서울시 산학연 협력사업의 특징이다. 대학들도 예전처럼 비밀리에 로비를 하려 들지 않았고, 공무원들도 그만큼 일을 진행하기가 수월해졌다.

산학연 협력사업의 기본 모토는 '대학 자율에 맡기는 지원'이다. 운영은 각 대학들이 하고 서울시는 순수하게 지원을 하자는 취지인 것이다. 이는 그동안의 지원 체계와는 발상에서부터 전혀 다른 것이다. 공급자 위주가 아닌 수요자 위주의 행정 서비스를 보여준 혁명적인 시도였다.

"별로 기대하지 않았는데, 서울시가 이렇게 적극적으로 나서주는 걸 보니 세상이 확실히 변하긴 변했나 봅니다."

산학연 프로젝트를 체결한 모 대학 관계자가 담당 공무원에게 했다는 감사의 말이다.

성공적인 변화를 위한 방법들

서울시 구성원들의 마인드가 이렇게 빠르게 변화할 수 있었던 요인은 무엇이었을까?

먼저 교육의 효과를 들 수 있다. 교육은 변화의 가장 효과적인 수단이다. 나는 부임하자마자 담당 공무원들의 외국 연수 프로그램, 전 직원 대상의 '변화 촉진 교육' 등으로 최대한 공무원들의 마인드를 변화시키고자 했다.

물론 이런 정규 프로그램만으로 교육이 이루어지는 것은 아니다. 더욱 중요한 것은 일상 업무 속에 이루어지는 교육이었다. 정례 조회 등을 통해 틈날 때마다 공무원들의 의식 변화를 강조한 것도 그런 이유에서다. 안에서 밖을 보는 것이 아닌 밖에서 안을 보는, 공급자 중심이 아닌 수요자 중심의 행정 서비스를 강조했다. 그런 전방위적인 교육 효과는 공무원 조직에 빠르게 확산되어갔다.

또 다른 요인을 꼽자면 기존 공무원 조직이 충분히 우수한 인력의 집합체라는 점이다. 공무원 조직이 그동안 민간으로부터 좋은 평가를 받지 못한 것은 제도와 문화의 비효율성 때문이지 능력 부족은 아닌 것이다. 그래서 나는 그들의 가능성을 처음부터 신뢰해왔다.

나는 인사 제도에도 많은 변화를 주었다. 특히 분야별 정책보좌관 제를 도입한 것은 중요한 변화였다. 풍부한 시정 경험과 전문성을 갖춘 공무원들이 정책을 직접 입안하고 담당하면서 시 행정을 직접 지휘하도록 했다.

정책보좌관제는 공무원 조직에 대한 시민들의 인식도 바꿔놓았다. 능력 있는 관료들은 살아남지만 그렇지 않을 경우에는 외부에서 수혈한 인재로 교체된다는 의미이기 때문이다. 요컨대 공무원도 더는 철밥통이 될 수 없게 된 것이다.

복지·여성, 환경, 교통, 도시관리 분야에 4명의 정책보좌관을 신설했고, 이들 중 환경, 교통은 외부 전문가로 충원했다. 청계천 복원, 대중교통 체계 개편, 뉴타운 사업 등 굵직한 사업들도 이들의 손으로 추진되었다.

비대한 조직의 몸집을 줄이고, 행정 수요가 증가된 분야에는 조직 보강을 추진했다. 그 과정에서 톡톡 튀는 부서 명칭과 색다른 부서의 신설이 화제를 모았다.

'푸른도시국', '건강도시추진반', '도시디자인과', '투자유치담당관' 등 명칭에서부터 관료적인 냄새를 지웠다.

"아는 만큼 보이고 보이는 만큼 느낀다"는 말이 있다. 개인이든 조직이든 무엇을 보느냐에 따라 생각이 달라지고, 생각에 따라 행동이 결정된다. 우리가 눈을 세계로 돌리고, 선진국들을 바라보는 것도 그런 이유에서다. 바라보는 눈높이에 따라 미래가 달라질 수 있는 것이다.

글로벌 경쟁 시대에는 한 나라 수도의 위상도 달라져야 한다. 이제 서울은 좁은 국내의 도시들이 아니라 세계적인 일류 도시들과 어깨를 나란히 해야 한다. 정부의 비전인 '동북아 중심국가'라는 목표를 위해서라도 서울의 경쟁력은 높아져야 한다. 수도 서울이 동경이나 북경, 상해, 싱가폴 등 대도시들과의 경쟁에서 살아남아야만 동북아 중심국가로의 도약도 순조롭게 이루어질 수 있다.

서울의 경쟁력이 업그레이드되기 위해서는 일차적으로 4만 5000여 공무원들의 수준이 높아져야 한다. 공무원들의 수준을 국내가 아닌 세계 일류의 눈높이에 맞추는 것도 그런 이유에서다. 서울시 공무원들이야말로 시대의 변화를 주도하는 전위대가 되어야 할 것이다.

또한 우리가 만들어갈 미래의 밑그림을 그려보기 위해서라도 세계로 눈을 돌려야 한다. 이런 생각이 10년 뒤, 우리나라의 모습을 전혀 다르게 바꿔놓을 수 있다.

3

벽 없는 조직 만들기

.
.
.

바람 잘 날 없는 조직이 성공한다

청계천 복원 과정에서 삼일고가도로 철거를 둘러싸고 논란이 벌어진 적이 있다.

청계천 복원을 위해서는 복개도로 위의 청계고가도로부터 철거해야 했다. 문제는 청계고가도로와 연결된 삼일고가도로였다. 삼일고가도로의 철거는 청계고가도로와 달리 또 다른 교통 정체를 야기할수 있었다.

삼일고가도로는 청계천의 시점부에서 을지로, 명동과 퇴계로를가로질러 남산으로 이어진다. 즉, 남산 1호 터널에서 나온 차량들은신호 대기 없이 마장동 일대의 서울 동북부 지역으로 빠지는 역할을담당했다. 청계고가도로와 함께 삼일고가도로는 도심 교통에 지대한 영향을 미치는 교통 인프라인 것이다.

"삼일고가도로는 도심 교통의 중요한 축입니다. 전부 다 철거해서 교통의 축을 없애지 말고 퇴계로쯤에서 적절히 끊어줘서 교통 흐름을 살려야 합니다."

완전 철거를 반대하는 사람들의 입장은 단호했다. 청계고가를 없애는 마당에 그것까지 없앨 수는 없다는 것이었다. 그렇잖아도 교통 인프라가 줄어드는데 삼일고가까지 철거하면 도심의 교통축이 훼손돼 걷잡을 수 없는 교통 혼란이 올 수 있다는 경고였다.

반대로 환경단체들은 삼일고가도로도 전체를 철거해야 한다는 입장이었다. 환경주의자들은 노후로 인한 안전 문제, 청계고가 철거에 따른 기능의 축소, 도시 미관 문제 등을 들어 철거를 주장했다.

삼일고가도로 철거를 둘러싼 찬반 논쟁은 청계천 복원 공사 초기의 대표적인 논제였다. 초기에는 철거와 일부 유지 주장이 팽팽히 맞섰지만 점차 일부는 유지하자는 입장으로 의견이 기울었다. 즉, 남산터널에서 퇴계로까지 기존 고가도로를 유지하기로 한 것이다. 교통 대란을 경고하는 교통전문가들의 주장에 환경주의자들이 반대만 할 수는 없었다.

그런데 이번에는 명동과 충무로 주변의 상인들이 반대하고 나섰다. 그들은 청계천 복원을 계기로 은근히 주변 도심이 살아나길 기대했던 것이다.

"따지고 보면 명동과 충무로가 하나의 생활권 아닙니까? 그런데 삼일고가도로로 단절되는 바람에 주변 상권이 얼마나 낙후되었는지 아십니까?"

"그동안 삼일고가도로로 인해 명동 일대는 다른 도심에 비해 상대적으로 낙후되어 있었습니다. 이번 기회에 철거해서 도심의 기능을 살려야 합니다. 그게 불가능하다면 저희들도 다른 방법으로 주장을 펼칠 수밖에 없습니다."

상인들도 호락호락 넘어가지 않겠다는 의지를 보였다. 여차하면 시위도 불사하겠다는 태도였다. 그렇잖아도 청계천 노점상들, 상인들의 시위가 계속되고 있었다. 명동과 충무로 상인들까지 시위에 가세하게 할 수는 없었다. 그렇다고 내부적으로 결정된 사안을 번복할 수도 없는 일이었다.

솔직히 나는 삼일고가도로까지 전체를 철거하고 싶었다. 원래 청계고가가 없다면 삼일고가도 존재하지 않았을 것이다.

개발의 시대를 끝내고 환경과 생명의 시대를 연다면, 도심 한가운데에 우중충하게 솟아 있는 콘크리트 고가를 말끔히 정리하는 게 옳았다.

그러나 내 바람대로만 결정할 사안이 결코 아니었다. 특히 교통이라는 중차대한 문제가 걸려 있지 않은가. 나는 그 사안을 다시 한 번 토론에 붙이기로 했다.

두 번째 토론이 점화되었고, 저마다 논쟁과 토론의 달인이 되어 주장을 펼쳤다.

"삼일고가도로를 완전 철거하면 주변 일대 도로는 토요일 오후마다 주차장으로 변할 겁니다. 그때 가서 후회하지 마세요들."

이번에도 교통담당 공무원들의 입장은 단호했다. 지역 주민, 중구청, 환경운동가들도 삼일고가를 철거한 이후의 대안까지 단단히 준비하고 나왔다.

"남산 1호 터널에서 빠진 차량을 P턴으로 우회시키면 도심으로 진입하는 차량 소통량을 줄일 수 있습니다."

"그걸 어떻게 압니까?"

"저희들이 시뮬레이션을 해보았습니다. 그랬더니 커다란 문제가 없는 걸로 나왔습니다."

이번에는 지역 주민들의 주장에 힘이 실렸다. 특히 그들이 준비한 시뮬레이션 자료가 다른 간부들과 담당자들의 마음을 움직이고 있었다.

"교통국 입장은 어떻습니까? 고가도로를 철거해도 문제가 없겠습니까?"

"신호 주기가 늘어나면 차량이 이전보다 밀리긴 할 겁니다. 하지만 차량의 일부를 P턴으로 돌리면 혼란이 크지 않을 것 같은데요."

갑론을박 끝에 결론이 내려졌다. 삼일고가도로도 전면 철거하기로 한 것이다.

시행 초기에 혼란은 있었다. 고가도로 철거에 적응하지 못한 시민들의 불편도 속출했다. 그러나 그것은 삼일고가로 가로막혔던 명동 일대의 도심 기능을 회복한 것에 비하면 아주 작은 손실이었다.

만약 청계천이 복원된 지금에도 삼일고가도로의 일부가 남아 있었다면 어땠을까?

아마도 도심의 흉물로 방치되어 해마다 철거 논란에 휩싸였을 것이다. 시간이 지날수록 안전 문제와 환경 문제가 불거져 나왔을 테니 말이다.

삼일고가도로 철거 논란은 한번 결정된 사항을 번복한, 흔치 않은 사례이다. 결정이 번복될 수 있었던 것은 과학적 데이터의 영향이 컸다. 고가 철거에 확신을 얻었던 것은 바로 시뮬레이션이라는 과학적 기법의 위력이었다. 그리고 또 하나 빼놓을 수 없는 게 있다. 바로 대화와 소통의 위력이다.

삼일고가도로 철거 논란에서 찬성론자와 반대론자들은 서로, 자기들의 주장을 원 없이 펼쳐보였다. 그리고 모두가 정말로 옳은 결정이 무엇인지를 고민하게 되었다. 토론이 격렬해지고 논리가 맞부딪치자 서로 상대방 주장까지 일견 이해하게 된 것이다. 그때부터 부서 간 이기심이나 개인적 감정은 설 자리를 잃게 되었다.

'저쪽 말도 일리는 있다. 그렇다면 정말 옳은 결정은 무엇일까?'

모두의 고민이 그 한 가지로 모아졌던 것이다. 나는 논쟁에 섣불리 끼어들지 않았다. 혹여 논쟁의 불씨가 꺼질 것을 우려해서였다. 내가 중립을 지킴으로써 구성원 상호 간의 공감대 형성도 훨씬 수월해졌을 것이다.

삼일고가도로의 철거는 구성원들 스스로가 토론을 통해 최적의 대안을 찾아낸 커뮤니케이션 과정의 '성공 사례'라 할 수 있다.

'그때그때' 다른 설득의 기술

"이명박 시장은 자기주장이 너무 강해 상대방의 말에 귀를 기울이지 않는다."

내가 기자, 오피니언 리더들로부터 가끔 듣는 평가이다. 왜 그런 평가를 듣는지, 그 이유를 모르는 것은 아니다. 솔직히 그 부분에 대해서는 참모진으로부터 충고도 많이 듣는다.

기자들의 이야기나 논리에 조목조목 반박하고 주장을 강하게 드러내는 것이 완고한 모습으로 비칠 수 있다. 그러나 그것은 내가 갖고 있는 모습의 극히 일부분이다. 나는 어떤 사안이든 중요한 결정을 내릴 때 반드시 전문가들의 의견을 듣는다.

내가 아니다 싶어도 전문가가 맞다는 판단을 하면 그것을 순순히 받아들인다. 그게 내가 쟁점을 결정하는 스타일이다. 한편 상반되는 의견이 부딪칠 때에는 반대자들끼리의 논쟁과 토론을 통해 결론을 이끌어낸다.

토론에 개입해 강제적인 결론을 내린 기억은 별로 없다. 오랫동안 기업 CEO를 하면서 그것이 바로 합리적인 의사결정 방법임을 체득했기 때문이다.

물론 주장을 굽히지 않을 때도 있다. 내 의견이 정말 맞다는 생각에 단정적인 어투가 되어버리기도 한다. 그리고 동의하지 않는 의견을 웃음으로 대하는 것도 성격상 힘들다.

나는 토론과 설득을 좋아한다. 예를 들어 야구 돔구장 건설에 대해 나는 찬성을 하는데, S일보의 김 기자가 반대를 했다고 하자.

"허허, 김 기자님은 반대를 하시는군요. 허허, 그렇게 생각할 수도 있지요. 하지만 전 찬성하는 쪽입니다."

만약 내가 이렇게만 말한다면 대화는 거기에서 그칠 수 있다. 서로가 얼굴 붉히지 않으면서 기분 좋게 자리를 마무리 지을 수 있는 것이다. 그러나 만약 거기에서 그친다면, 기분은 상하지 않을지 몰라도 김 기자와 나 사이의 커뮤니케이션이 더는 진전할 수 없다. 나는 대체로 이런 경우에 한 걸음 더 나아가는 편이다.

"그래요? 김 기자님은 왜 반대하십니까? 그 이유가 알고 싶군요."

김 기자가 자신의 반대 이유를 밝히면 그것에 대해서 나도 더 들어간다.

"그게 반대의 이유가 되나요? 저는 그렇게 생각하지 않습니다."

나의 인기 관리를 신경 써야 하는 참모진이 말리는 게 바로 이런 부분이다.

나는 어떤 문제든 어물쩍 넘어가고 싶은 마음이 없다. 내가 틀리면 왜 틀리는지, 알고 싶다. 마찬가지로 상대가 잘못된 판단을 하고 있다는 생각이 들면, 어떻게든 설득하려 든다. 물론 내가 잘못된 판단을 가졌을 수도 있다.

그러나 그렇게 부딪치지 않고서는 잘못된 판단은 결코 깨지지 않는다. 그게 때로는 점수를 깎아먹는 나의 일관된 토론 방식이다.

전문가들도 명령이나 협상보다 훨씬 광범위하고 폭넓은 커뮤니케이션 수단으로 설득을 꼽는다.

"설득은 그 본성상 적대적이지 않으며, 설득당하는 사람은 대체로 편안한 기분을 느끼고 결과에 대해서도 만족하는 편이며, 그렇기 때문에 설득은 그 자체만으로도 충분히 위력적이다."

미국에서 스테디셀러였던 『설득』의 저자 노버트 오부숑(Norbert Aubuchon)이 한 말이다. 그는 타인의 행동을 이끌어낼 때 쓸 수 있는 방법은 명령, 협상, 설득의 3가지뿐이라고 말한다. 그 중 설득이야말로 명령, 협상보다 모든 상황에 잘 들어맞고 상호작용하는 최적의 커뮤니케이션이라고 찬사를 보내고 있다.

물론 명령이나 협상도 설득과 마찬가지로 중요한 대화 방식이다. 그것들은 각기 상황에 따라 달리 사용되어야 하며, 그때그때 서로 다른 힘을 발휘한다.

그러나 명령은 강압적인 방식이라 역효과를 일으킬 수 있다. 협상 또한 근본적으로 상대방에게 뭔가를 얻어내야 하기 때문에 적대적인 입장이 될 수밖에 없다. 반면 설득은 역효과 없이 생산적인 결과를 얻을 수 있다.

설득은 일상생활에서도 광범위하게 사용되고 있다.

가령 한국실업의 마케팅 팀장인 황 부장이 김 대리에게 사과파이라는 상품의 마케팅 기획을 다시 짜라고 지시했다고 하자. 그것은 겉모양만 보자면 명령이나 지시일 수 있다. 그러나 팀장이 지시하는 방식에 따라 명령이 될 수도, 설득이 될 수도 있다.

"김 대리, 이걸 사과파이 기획안이라고 짰나? 당장 내일까지 다시 잡아오게."

이렇게 말했다면 그건 황 부장의 단순한 명령일 뿐이다. 그러나 만약 황 부장이 다음과 같이 지시했다고 하자.

"이보게, 김 대리! 이 사과파이 기획안은 지난번 것보다 비용 면에서 너무 많이 초과된 것 같은데···. 마케팅 측면을 강화했다고는 하지만 매체 선택을 좀 더 효율적으로 한다면 비용을 줄일 수 있지 않을까?"

이런 경우에 황 부장은 형식상 지시를 내리고 있지만 내용상 김 대리를 설득하고 있는 것이다.

지난 2003년에 SH공사에서 상암동 택지개발지구에 아파트를 지어서 분양했던 적이 있다. 그런데 그때 하필 분양 아파트 가격이 폭등하는 현상이 일어났다.

공영택지개발지구에 들어서는 아파트여서 그렇잖아도 분양가가 저렴한 것으로 소문나서 투기 위험이 도사리고 있었다. 서울시는 상암동 아파트 분양 대금을 책정해놓고 고민에 빠졌다.

너무 싸게 분양하면 투기 조장의 원인 제공자로 몰릴 터였다. 반면 기존의 아파트 시세대로 분양하자니 부동산 인플레를 부채질하면서 폭리를 취한다고 비난받게 될 것이 뻔했다. 이렇게 하나 저렇게 하나 욕먹는 건 피하기 어려운 상황이었다.

그때 대다수 담당 공무원들은 "낮게 분양하자"고 했다. 서울시가 여론의 비난을 뒤집어쓸 필요가 없다는 것이었다. 그 말도 일리는 있었다. 그러나 잘못하면 당첨된 사람만 횡재할 판이었다. 서울시로부터 낮게 분양받고, 나중에 시세대로 판다면 로또 당첨이 따로 없었다. 나는 이런 생각을 담당 공무원들에게 밝혔다.

"소수의 사람들에게 이익을 주는 편이 낫겠습니까, 아니면 시세보다 약간 낮게 분양하고 그 수익금을 다수에게 되돌려주는 편이 낫겠습니까?"

그래도 담당 공무원들은 어느 때보다 몸을 사리는 눈치였다. 서울시가 부동산 인플레를 부채질한다는 여론에 휩쓸릴 것을 우려해서였다. 나는 담당 공무원들을 설득하는 걸 포기하지 않았다.

"당장에 오해를 받을 순 있습니다. 하지만 다수에게 이익이 가도록 하는 게 낫습니다. 그게 사회적 사행심을 오히려 줄이는 일 아닐까요?"

결국 내 설득에 담당 공무원들도 내 편이 되었다. 그런데 이번에는 분양 이익금을 어떻게 쓰느냐가 문제였다. 택지개발 이익은 택지개발로 환원하는 게 원칙이었다.

논의 과정에서 '차상위계층'에 대한 지원금으로 사용하는 게 어떠냐는 의견이 나왔다. '차상위계층'은 사업 실패, 파산, 가출, 사고, 질병 등으로 갑자기 빈곤층이 된 계층을 말한다.

당시 서울시의 차상위계층은 꾸준히 증가하는 추세였고, 그런 연유로 고등학교도 졸업하지 못할 상황에 놓인 학생들이 늘어나고 있었다. 하지만 담당 공무원들은 당연히 반대했다. 관련 근거도 없고, 규정에도 어긋난다는 것이었다.

"그럼 하이서울장학재단 기금을 조성해서 장학금을 지불하면 어떻습니까?"

결국 분양 수익금을 가지고 조성한 장학금으로 수업료를 내지 못하는 고교생들을 지원할 수 있게 된 것이다. 시세보다 약간만 싸게 분양해서 남는 돈으로 차상위계층의 복지 문제를 해결하자는 묘안이었다. 사실 아파트 분양 대금 차액을 사회복지 금액으로 활용한다는 것은 어느 나라, 어느 도시에서도 나올 수 없는 절묘한 아이디어였다.

하이서울장학금은 2004년 약 1만 8000명, 2005년에도 2만여 명의 학생들에게 80억 원을 책정해 지원했다.

그런데 어느 날, 담당 공무원 가운데 한 사람이 내게 말하는 것이었다.

"시장님, 며칠 후에 잠실체육관에 장학생들을 모아놓고 장학증서를 줍니다. 고등학생들이 좋아하는 가수도 나오는데, 시장님도 한 말씀 하시도록 조치해놓았습니다."

말인즉 언론에 보도가 되게 생색 좀 내라는 것이었다. 나는 그 말에 사실 적잖은 충격을 받았다. 그건 서울시의 입장만 생각했지 장학금을 받을 학생들의 입장은 전혀 고려하지 않은 태도였다.

"지금 공부 잘하는 학생들한테 장학금을 주는 것이 아니지 않습니까?"

"그래도 어렵게 조성한 기금입니다. 한 말씀 정도 해주시는 거야 어떻겠습니까?"

"그 학생들은 그렇잖아도 가정이 어려워져서 잔뜩 의기소침해 있을 아이들입니다. 한창 예민할 나이 아닙니까? 공개적으로 장학금을 지급하면 오히려 마음에 상처가 될 수 있어요."

나는 어린 시절 어려웠던 내 자신의 이야기까지 들먹이며 담당자를 설득했다.

"제 생각이 짧았던 것 같습니다."

담당자는 결국 그 행사를 취소시켰다. 말이 나온 김에 나는 상처받았을 어린 학생들에게 편지를 썼다.

"이 돈은 서울시가 여러분들에게 공짜로 주는 게 아닙니다. 여러분이 어른이 되어서 사정이 나아지면 지금 받은 장학금을 사회의 어려운 사람들을 돕는 데에 쓰라고 서울시가 빌려주는 것입니다."

마음에 상처를 받을 아이들에게 그 정도는 해야 할 듯싶었다. 현재 서울시는 장학금 지급을 본인만 알게 하고 있다. 교장선생님이 장학금이 필요한 학생을 선발해 명단을 보내주면 장학금을 입금시켜주는 방식이다.

아파트 분양 이익으로 하이서울장학금을 조성하는 것은 결코 쉽지 않은 과정을 거쳤다. 그래서 그 열매는 더욱 값진 것이었다. 이제 더는 서울시에서 돈이 없어 학업을 그만두는 고등학생이 나오지 않기 때문이다.

뛰어난 리더나 CEO들은 대체로 뛰어난 커뮤니케이터들이다. 그들은 대부분 커뮤니케이션의 중요성을 알고 있고 나름의 기술도 갖고 있다.

CEO는 자신의 의지와 비전을 직원들에게 효과적으로 전달해 공유하게 만들고, 직원들의 다양한 의견을 받아들여 경영 방침에 반영해야 한다. 업무에도 효율적이고 생산적인 대화 방식을 활용해야 한다.

CEO는 또한 조직 전체의 의사소통이 원활하게 이루어지도록 해야 한다. '벽 없는 조직'이라거나 '열린 조직'과 같이 원활하게 의사소통하는 조직들이 높은 성과를 올리는 데 유리하다. 또한 원활한 의사소통은 조직의 건강함을 유지하고 성과를 만들어내는 데 필수 요소이다.

그렇다면 원활한 의사소통이 조직의 성과와 연결되는 이유는 무엇일까?

첫째로 스피드 경영이 가능해지기 때문이다.

잘 돌아가는 조직들은 효과적인 의사소통 체계를 통해 대체로 의사결정이 빠르다. 디지털과 글로벌, 무한경쟁으로 대변되는 현 시대에 의사결정은 빠를수록 좋다. 그것이 물론 CEO의 독선적인 의사결정을 말하는 게 아니다. 충분한 의견 수렴이 빠른 시간 안에 효율적으로 일어나야 함을 뜻한다.

둘째로 조직과 조직, 구성원 간의 협력을 가능하게 하기 때문이다. 최근 기업 경영의 이슈인 지식경영 시스템도 원활한 의사소통을 기반으로 하는 시스템이다.

스피드 경영이 주로 상하 간 커뮤니케이션과 관계된 것이라면 조직과 조직, 구성원과 구성원 간의 커뮤니케이션은 수평적 커뮤니케이션이다. 수평적 커뮤니케이션이 중요한 이유는 그것이 '최적의 성과를 만들어내는 하나의 수단'이기 때문이다. 그러나 개인적 특성이나 성격에 따라 방법은 다를 수 있다. 즉, 각자의 상황에 맞는 방법을 만들어나가면 된다. 다만 그것이 성과와 연결되어야 한다는 것을 잊어서는 안 된다. 내가 주로 이용했던 방식은 앞서 말했듯이 난상토론과 설득이었다.

CEO는 조직 전체의 커뮤니케이션 활성화를 위해 노력해야 한다. 특히 일방향 커뮤니케이션이 아닌 양방향 커뮤니케이션이 정착하도록 주의하여 노력해야 한다. 즉, CEO가 필요하면 말단 직원과 업무를 논의할 수 있고, 그 반대의 경우도 일어날 수 있어야 하는 것이다.

더불어 CEO는 자기 자신의 효과적인 의사소통법을 개발해야 한다. 그것이 어떤 방법이든 간에 궁극적으로 강하고 발 빠른 조직을 만드는 데 기여해야 한다.

4

호랑이는 가죽을 남기고
인재는 인재를 남긴다

．

．

．

지금은 스페셜리스트 시대

나는 '인재가 세상을 변화시킬 수 있다'는 믿음을 갖고 있다. 그것
은 가난한 어린 시절과 학창 시절을 견뎌내고 기업에 들어가 CEO
자리에 오르면서 깨달은 소중한 믿음이다.

내가 12년 만에 말단 사원에서 CEO 자리에 오를 수 있었던 것은,
나를 믿어준 기업주에 의해서였다. 나는 그 믿음에 보답하기 위해서
더욱 열심히 일했다. 시베리아와 열사의 사막을 누비면서 혼신의 힘
을 다했다.

그 길지 않은 시간 동안 내가 성장했고, 내가 살던 나라가 발전했
다. 어찌 보면 그 시간들은 불가능이 가능으로 변화하는 시간들이
었다.

그런 경험으로 나는 노력 여하에 따라 자신의 삶은 물론 한 사회나 국가도 변화할 수 있다는 사실을 믿게 되었다.

그런 변화를 이루어내는 주축은 바로 인재들이다. 인재 한 사람한 사람의 경쟁력이 곧 조직 전체의 경쟁력인 것이다. 그렇다면 디지털과 글로벌로 대표되는 우리 시대의 인재는 과연 어떤 사람이어야 할까?

우리 시대에 인정받는 인재는 시대적인 사명감을 갖고 있으면서열린 사고와 도전 정신을 갖춘 스페셜리스트이다.

오늘날 세상은 빠르게 변화하고 있다. 특히 디지털로 대변되는 정보통신의 변화 속도는 상상을 초월한다. 정보를 이용하는 사람과 못하는 사람들 간의 차이가 점점 더 벌어지고 있다. 개인 간, 국가 간정보의 양극화는 곧바로 소득의 양극화로 이어진다.

정보의 편중이 갈수록 심해지다보니 이제는 노동의 가치가 줄어드는 형국이다. 노동의 양보다는 노동의 효율성과 성격이 중요해지고 있다. 효용가치가 있는 노동이 효용가치가 없는 노동들을 속속대치하고 있다. 앞으로의 세계에서 이런 현상은 더욱 가속화될 것으로 보인다. 결국 개인과 기업들은 보다 효율성이 높은 노동을 발굴해야 한다.

인재는 이러한 시대적인 흐름을 정확히 꿰뚫고 있어야 한다. 또한자신이 소속된 사회에 헌신하겠다는 소명의식을 가져야 한다. 소명의식을 갖는 것은 매우 중요하다. 소명의식이 있는 사람은 자발적으로 자신의 부족한 능력을 키울 수 있다. 그리고 그런 사람만이 사회에 봉사할 수 있다.

이 시대의 인재는 변화를 주도하는 순발력과 열린 사고의 소유자이다. 오늘날 세계사에 불어 닥친 변화는 가히 메가톤급이다. 정보통신 혁명과 글로벌리즘, 문화적 다양성과 국가·사회적 양극화의 바람이 지구촌 구석구석을 강타하고 있다. 변화는 이제 일상이다. 변화는 각 개인의 일상에까지 파급 효과를 일으키고 있다.

마지막으로 이 시대의 인재는 도전 정신을 갖춘 스페셜리스트여야 한다.

현대는 제너럴리스트보단 스페셜리스트가 살아남는 시대이다. 물론 제너럴리스트도 필요한 고유의 영역이 있다. 그러나 스페셜리스트가 아니면 점점 더 살아남기 힘든 시대가 되었다.

스페셜리스트라 해서 단순히 다른 사람과 차별화되는 전문가로 만족해선 안 된다. 글로벌 시대에는 개인도 세계와 경쟁해야 한다. 서울이 세계 일류 도시와 경쟁해야 하듯, 개개의 스페셜리스트는 세계 일류의 스페셜리스트와 경쟁해야 한다.

그것이 바로 우리나라의 경쟁력을 세계 일류로 도약시키는 지름길일 것이다.

"대한민국의 공무원이 경쟁력을 가져야만 대한민국이 달라질 수 있습니다. 그리고 서울시 공무원이 달라지면 대한민국 전체 공무원이 달라질 수 있습니다."

시장 부임 초기에 어떤 언론과의 인터뷰에서 했던 말이다. 공무원 사회를 변화시키겠다는 것은 시민들과의 약속이었다.

그런데 〈공무원 헌장〉을 들여다보면 나라를 위해 심지어 목숨까지 바치라는 내용이 있다. 아무리 봐도 그건 지나치다. 이제 헌장도 좀 더 현실적인 내용을 담아야 하지 않을까. 나는 공무원이 목숨까지 바칠 필요는 없다고 생각한다.

변화는 오히려 작은 부분에서 시작되어야 한다. 거창한 애국심보다는 자기 분야의 프로 정신이 더욱 중요하다. 프로 정신이 있어야만 시민에 대한 서비스 정신도 생기는 것이다. 나아가 개인과 기업의 경쟁력을 높이는 데 일조하겠다는 소명의식까지 있다면 더 바랄게 없다.

서울시의 인재는 일차적으로 이런 요구를 충족하는 사람들이어야 했다.

내가 시장에 취임해서 바로 시작한 일은 각 조직별, 각 국별로 팀장, 과장, 국장들을 선발해 해외에 내보낸 일이었다.

'이명박 시장이 도대체 무슨 꿍꿍이속인가?'

공무원들은 저마다 그런 생각으로 술렁거렸을지도 모른다. 신임 시장이 업무 보고는 받지 않고 엄청난 비용을 들여서 공무원들을 해외로 내보내는 것을 서둘렀으니 말이다.

내가 공무원들을 해외로 내보낸 데에 다른 뜻은 없었다. 세계 선진 도시의 행정을 눈으로 직접 보고 배워오라는 의도에서였다.

"공무원 조직도 좀 더 경쟁력을 가져야만 합니다. 그러기 위해선 기업 마인드를 체질화하고 시민들에 대한 행정 서비스를 더욱 강화해야 합니다."

그렇게 잔소리를 늘어놓으니 차라리 선진국의 사례를 직접 체험하는 게 효과적일 것 같았다. 교육도 '백문이 불여일견'인 것이다.

그런 연유로 건축과장은 세계에서 가장 도시 건축이 잘돼 있는 도시의 시청에서 견학을 했다. 복지국장도 세계에서 복지가 가장 잘된 나라의 수도 시청에서 근무를 했다. 환경과장도, 기획과장도, 문화국장도 마찬가지였다. 선진 도시들의 공무원들이 어떻게 일하는지 아침부터 저녁까지 두 눈으로 똑똑히 보고 올 수 있었다.

해외에 나갔던 공무원들이 돌아오는 시점에는 전 공무원들을 2박 3일간 연수를 보냈다. 장소는 용인의 삼성그룹 연수원이었는데, 부시장에서 9급 공무원에 이르기까지 참가에 예외가 없었다.

연수의 성격도 과거와 전혀 달랐다. 단순히 좋은 강사가 와서 좋은 얘기를 하고 가는 2박3일이 아니라, 민간기관에서 철저하게 일정을 짜서 스스로 느끼고 보고 깨닫고 자성하는 프로그램이 되도록 했다.

또한 들어갈 때는 어떤 생각이고 나올 때는 어떤 생각으로 바뀌었는지 외부의 전문가들에게 개개인의 변화를 지켜보도록 했다. 나는 거창한 변화를 요구한 게 아니었다. 생각의 작은 변화가 행동 전반의 변화로 이어질 것이라 믿었다.

변화는 위에서부터 시작되어야 한다. 간부들이 변화의 주체여야 하는 것이다. 부임 초기에 나는 다음과 같은 메시지를 던졌다.

"위로 올라갈수록 현장 파악을 못하고 일의 진행도 파악 못하는 게 그동안의 풍토였을 겁니다. 하지만 이제 그런 간부는 서울시에 필요하지 않습니다. 주사, 팀장, 과장이 밑에서 기안한 것을 토시 몇 개 바꿔서 나한테 보고하는 그런 일이 없기를 바랍니다."

내가 목소리를 높인 것은 실제로 그런 경우를 몇 번 겪었기 때문이다. 간부라면 어떤 사안이든 세세하게는 아니더라도 맥을 짚고는 있어야 했다. 그런데 담당자를 부르지 않고서는 기본적인 숫자나 통계조차 모르는 경우가 있었다.

반기별로 공무원연수원에서 갖는 실·국장 워크숍은 이런 타성에 젖은 관료주의를 혁파하기 위한 것이었다.

실·국장 워크숍에서는 각 실·국마다 주요 현안을 발표한다. 다른 참가자들은 질문을 하고 반대 의견을 내며 격론을 벌인다. 가장 중요한 사업, 사업 추진 과정의 장애물, 그것을 극복할 대안 등이 모두 토론의 대상이 된다.

특히 워크숍은 실·국장급 이상 간부만 가야 하는 교육 행사다. 즉, 간부들이 자기 부서의 사업을 세세히 알고 있어야 한다. 직원들이 작성해준 자료만 갖고 워크숍에 임했다가는 자칫 망신당하기 십상이었다. 그만큼 참가자들의 질문과 토론이 신랄했다.

실·국장 워크숍은 '어떻게 1년 동안 일해야 하는지'에 대해 방법론을 교육하고 전파하는 장도 되었다. 예전에는 자기 부서의 일이 아니면 관심조차 없었다.

그러나 이런 자리를 통해 다른 부서들의 일을 자연히 공유할 수 있게 된 것이다. 예컨대 문화국장도 도시계획국 업무에 발언할 수 있게 되었고, 교통국장도 문화국의 업무에 발언할 수 있게 되었다.

나는 전문가 몇 사람이 조직을 바꿀 수 있다고 생각하지는 않는다. 조직이 강해지려면 조직원 전체가 자기 업무에서만큼은 전문가가 되어야 한다.

부임 후에 내가 추진한 교육은 바로 그런 강한 조직과 전문가를 만들어내는 과정이었다.

반대편도 안고 가라

자신이 추진하는 변화가 성공하기 위해서는 자신의 뜻에 열렬히 옹호하는 그룹이 있어야 한다. 변화가 지속적인 일상이어야 한다면, 그것을 시스템과 문화로 꽃피울 인재들이 있어야 하는 것이다.

"열정적인 옹호자는 변화의 대리인이다. 그의 개인적인 사명은 매우 특정한 변화에 관련된 목표를 성취하는 것이다. 그는 자신의 목표를 추구하기 위해 변화를 창조하는 사람이다. 열정적인 옹호자를 발견하고 소통하고 그들의 지지를 얻는 일은 변화를 강화하기 위한 핵심적인 성공 요인이다."

강력한 리더들의 의사소통을 조사한『파워풀 컨버세이션(Powerful Conversation)』의 저자 필 하킨스(Phill Harkins)의 주장이다. 그는 《포천》지 선정 500대 기업의 사례를 통해 대부분의 기업에서 열정적인 옹호자 그룹들이 변화를 추진하는 세력이었음을 밝혀냈다.

그의 분석처럼 변화는 리더 혼자의 힘으로 이루어낼 수 없다. 실패한 개혁은 핵심 인재들이 제대로 힘을 발휘하지 못해서인 경우도 많다. 그러므로 모든 변화에는 그 변화를 주도할 핵심 세력이 있어야 한다.

핵심 인재들이 조직 요소요소에 들어가, 변화를 주도하고 이끌어내야 한다. 그런 가운데 변화는 자연스럽게 조직 문화로 스며들 수 있다. 제도와 시스템을 만드는 사람들도 바로 이들 옹호자 그룹이다.

한 가지 주의할 점은 핵심 인재가 아닌 중위 그룹에도 신경을 써야 한다는 점이다. 조직의 모든 구성원이 변화를 주도하는 핵심 세력이 될 수는 없다. 그리고 중위 그룹이 조직의 다수라는 점을 잊어서는 안 된다. 그들이 변화의 핵심 세력이 될 수 있도록 끊임없이 동기 부여를 해줘야 하는 것이다.

미드필더진이 약한 축구는 아무리 공격력이 강하더라도 승리할 수 없다는 속설이 있다. 중원을 점령해야 공격력에 힘이 붙는다. 일부 공격수만 가지고 작전을 짜는 감독은 일류 감독이라 볼 수 없다.

한편, 조직에는 리더의 비전과 일 진행 방식에 반대하는 세력이 항상 있다. 이들을 어떻게 처리하느냐 역시 중요한 문제다.

일반적으로 3가지 답이 제시된다. 첫 번째는 설득이고, 두 번째는 포용이며, 세 번째는 제거다.

문제가 되는 방법은 바로 세 번째 방법이다. 설득과 포용이 모두 수포로 돌아갔을 때 시도하는 최후의 수단이 제거다. 최후에도 설득되지 않는 반대 세력은 조직 전체를 위해 제거하지 않을 수 없는 것이다.

그러나 현실에서 이 방법은 결코 쉽지도, 바람직하지도 않다.

나는 오히려 반대자를 함께 품고 나아가길 권하고 싶다. 그래야만 변화의 추진 세력도 튼튼한 체질을 가질 수 있다. 반대자들을 포용하는 것도 변화 경영과 인재 경영의 한 방법인 것이다.

부임 초기에 있었던 일이다. 몇몇 구청장들이 일선 민원 담당 국장에 대해 불만을 토로한 적이 있다.

"무슨 안건이 그쪽으로 올라가기만 하면 함흥차사여서 도무지 일을 할 수가 없습니다."

"그 사람이 그 자리에 있는 한 저희 구에선 아무런 사업도 추진할 수 없습니다."

불만인즉 담당 국장이 주민들의 개발 요구를 너무 억제한다는 것이었다.

각 구청 입장에서는 일정 부분 개발이 필요하다고 보았다. 그래야만 지역 경제가 살아나고 고용이 늘어 세수가 늘어나는 효과를 볼 수 있었다. 그런데 그 담당자가 수요 억제 정책에 무게를 두다보니 개발에 대한 평가 기준이 엄격해 웬만해선 허가가 나지 않는 모양이었다.

사실 서울시 발전 정책에서 민선 3기와 민선 2기 사이에는 차이가 존재한다. 민선 2기 정부가 대체로 수요 억제에 초점을 맞추었다면 민선 3기는 균형 발전에 무게중심을 두었다.

낙후 지역마저 개발을 너무 억제하다보면 역효과가 발생한다는 판단에서였다. 예전에 개발돼 주변 환경이 개선된 지역은 부동산 값이 천정부지로 치솟고 있는 데 반해, 저개발 지역은 각종 규제로 갈수록 낙후되는 악순환이 반복되고 있었다.

"시장님, 이번 기회에 새로운 사람을 심어서 정책을 펼치셔야 합니다."

구청장과 시의원뿐이 아니었다. 주민들의 민원도 쏟아졌고, 참모진도 이구동성으로 그렇게 주장했다. 그러나 나는 그 담당자를 계속 그 자리에 두었다. 그가 개발을 억제하는 데는 나름의 철학과 일관성이 있었기 때문이다. 그것은 설득의 대상이지 제거의 대상이 아니었다.

"그 사람이 수요 억제 정책을 쓴 건 개발 수요를 무조건적으로 들어줬을 때에 생길 난개발을 우려해서였을 겁니다."

사실이 그랬다. 그는 민선 3기 정책과 다소 다른 패러다임을 고집했다. 그러나 자신의 사리사욕을 위해서가 아니라 정책의 일관성을 위한 것이었다. 그 역시 자신에게 쏟아지는 비판을 잘 알고 있을 터였다.

나는 이후에도 상당한 기간 그와 함께 일했다. 그는 활용하기에 따라서 내부의 건전한 비판자였던 것이다.

CEO의 뜻이나 정책에 반대하는 사람들은 어디에나 있다. 하지만 능력 있는 CEO라면 그들조차도 품고 간다. 그것이 조직을 튼튼하게 하고 건전한 인사 풍토를 조성한다. 반대한다는 이유만으로 그들을 내친다면, 자칫 독선에 빠질 수가 있다.

인재 개발은 리더가 해야 할 중요한 과제 가운데 하나이다. CEO는 체계적이고 지속적으로 인재를 길러내야 한다. CEO가 조직을 떠났을 때 조직을 지탱하는 건 인재들이다. 또한 제도를 만들고 시스템을 정착시키는 것도 인재들이다. 결국 인재가 세상을 바꾸고, 조직을 바꾸는 것이다.

5 · dOnation | 아름다운 청부 정신

지금 우리 사회에 가장 필요한 정신 중의 하나는 청부(靑富) 정신이다. 열심히 일하고 깨끗히 부를 축적하는 청렴한 부자들이 늘어나야 한다. 그런 사람들이 늘어나야만 사회도 발전하고 국가의 부도 늘어날 것이다. 또한 자신이 벌어들인 부의 일부를 사회에 환원한다면, 이는 궁극적으로 청부 정신의 완성이 될 것이다.

미국의 카네기나 록펠러는 말년에 자선 사업에 열정을 쏟아 부은 것으로 유명하다. 특히 카네기는 "백만장자가 재산을 남겨둔 채 세상을 떠난다면, 그의 죽음을 슬퍼해줄 사람은 아무도 없을 것"이라며 전 재산을 자선 사업에 쏟아 부었다.

빌 게이츠나 워렌 버핏 등 거부들의 자선과 기부가 끊이지 않는 것도 이런 전통에 기인하는 것이다. 부자들뿐 아니라 보통 사람들도 기부와 자선에 열심이어서 미국 중산층의 약 70%가 자선 활동을 하고 있다고 한다. 이 같은 기부 문화야말로 수많은 인종과 문화가 뒤섞인 미국의 숨겨진 힘인 것이다.

우리나라도 나눔과 배품의 정신이 확산되는 추세이다. 나 또한 4년 동안 시장 월급을 매달 '아름다운 재단'을 통해 기부해왔다. 아름다운 재단 측에서 매달 대상자를 선발하는 것도 힘든 일이니 자신들에게 일임해달라는 뜻을 비쳐서 그렇게 하고 있다. 그 과정에서 뜻하지 않게 나의 기부가 언론에 알려지기도 했다.

나는 장학금을 받는 학생들에게 이렇게 말하곤 한다.

"공짜로 받는다고 생각하지 마십시오. 대신 여러분이 성인이 되었을 때, 다른 어려운 사람들을 꼭 도와주십시오."

나 또한 어려운 시절 누군가의 도움을 받았다. 그렇기 때문에 어려운 사람에게 힘을 주는 일을 해야겠다는 생각이 든다. 부자들의 나눔과 자선은 앞으로도 더욱 늘어나야만 한다. 그래서 보통 사람들에게도 자선과 나눔이 생활의 한 부분으로 정착되어야 한다.

성공을 위해 앞만 보고 달리는 사람이 있다면 당부하고 싶다. 기부와 자선이야말로 청부 정신의 궁극적 완성이라고.

6 · Trust | 신뢰 없이는 성공도 없다

젊은 시절 나는 어렵게 고려대학교 입학시험에 합격하고도 등록금이 없어 입학을 포기하려고 했던 적이 있다. 그러나 다행히 당시 이태원 재래시장 상인들의 도움으로 환경미화원 자리를 얻을 수 있었다. 그런데 이태원 시장 상인들이 왜 일면식 하나 없는 나를 도와주었던 것일까? 그것은 노점상이셨던 어머니가 시장 상인들에게서 얻었던 신뢰 덕택이었다.

어머니의 노점은 생선 가게 앞이었다. 어머니는 그곳에서 장사를 할 수 있게 해준 가게 주인에게 항상 고마움을 표시했다. 고마움을 표시하는 어머니의 방법은 독특했다. 어머니는 당신의 물건을 다 팔아도 귀가하지 않았다. 그 가게가 문을 닫을 때까지 남았다가 일대를 말끔히 청소하고 갔다. 물론 가게 주인도 어머니를 몇 번이나 만류했다. 하지만 그때마다 어머니는 똑같은 말씀만 하셨다.

"내가 이 앞에서 장사할 수 있게 해준 은혜를 갚을 길이라곤 이 방법밖에 없네요."

어머니의 청소는 비가 오나 눈이 오나 결코 중단되지 않았다. 이런 일이 소문이 나면서 어머니는 이태원 시장에서 어느덧 유명 인사가 되어 있었다. 어머니의 한결같은 행동이 사람들의 마음을 감화시킨 것이었다.

그것만이 아니었다. 심성이 반듯하다는 소문이 나자 상인들은 싸움이 붙으면 어머니를 찾아와 시시비비를 가려주길 원했다. 뭔가 지혜가 필요한 일이 있어도 어머니에게 달려왔다. 조금 과장하자면, 어머니는 시장 상인들의 포청천이자 솔로몬이었다. 어느새 어머니는 그 시장에서 상인들의 정신적 지주가 되어 있었던 것이다. 자기 가게 하나 갖지 못하고 남의 가게 앞에서 노점상을 하시는 어머니가 시장 상인들의 존경을 받았던 이유는 무엇이었을까? 바로 사람들로부터 얻은 신뢰의 힘이었다. 어머니는 가난했지만 그런 면에서는 세상의 누구보다 부자였다. 그런 어머니의 자식이 등록금이 없어 대학을 못 간다고 하자 상인들이 발 벗고 나섰던 것이다.

"저렇게 훌륭한 어머니의 아들이 어려움을 겪는다는데, 나서서 돕는 게 당연한 도리지."

어머니는 결국 돈이 아닌 신뢰로 나를 대학교에 보내주셨고, 돈보다 신뢰가 훨씬 더 중요하다는 사실을 일찍부터 깨우쳐주셨다.

천금보다 중요한 게 신뢰다. 기업 경영이건 조직 운영이건 가장 중요한 것은 사람과의 관계이고, 사람과의 관계에서 신뢰만큼 중요한 것은 없다.

CHAPTER

·
·
·

4

서울을 변화시킨 경영 전략 6

위기를 성공으로 이끄는 힘
온몸으로 부딪쳐라

1

효율

.
.
.

새는 돈을 막아라

발상의 전환이 돈을 낳는다

"다음 시장은 이명박 시장 빚 설거지만 하기에도 임기가 모자랄 거요. 청계천만 해도 3600억 원인가 얼만가 들었는데, 서울광장이다 교통 개편이다 서울숲이다 해서 벌인 공사에 들어간 돈들이 다 얼마랍니까?"

언젠가 비서실 직원이 택시 기사가 한 말이라며 전해준 이야기다. 그 직원은 "민선 3기 정부가 사업을 벌이면서도 지하철 건설 부채를 반으로 줄이고 매년 수천억 원의 예산을 절감했다는 사실을 시민들이 잘 모르는 게 안타깝다"고 흥분조로 말했다.

나는 그냥 웃어넘겼다. 그런 소문을 처음 듣는 것도 아니었기 때문이다.

"저렇게 설치다간 서울시가 파산하고 말걸."

"지하철 부채만 해도 아마 더 늘면 늘었지 줄진 않을걸."

시민들 사이에만 유언비어가 있었던 것은 아니었다. 공무원 내부에서조차 그런 소문이 있었음을 알고 있었다. 그러나 공무원 사회에서 단 1년 만에 그런 소문은 종적을 감추었다. 예산 절감의 결과를 모두가 직접 체감했기 때문이었다.

시민들도 마찬가지였다. 민선 3기 시 정부의 예산 절감 성과를 알 만한 사람은 이미 다 알고 있었다. 이제 보다 중요한 것은 민선 3기 시 정부에서 보여준 효율성이 앞으로도 계속 유지되는 것이다.

나는 부임하자마자 예산 절감을 강도 높게 주장했고, 결과는 대성공이었다. 사실 부임 초기만 해도 내 계획을 믿는 사람은 많지 않았다. 가까운 참모진조차 내게 충고했다.

"시장님, 그렇게 예산 절감을 외치시면서 청계천 복원과 대중교통 개편, 문화 서비스·복지 부분 확대 같은 사업들을 대체 어떻게 진행하시려고 그러는 겁니까?"

사업 내용을 줄이든지, 예산 절감 노력을 줄이든지 둘 중 하나는 버리라는 충고였다. 그러나 내 생각은 달랐다.

"그동안 서울시에서 사용한 예산들을 꼼꼼히 검토해봤습니다. 낭비성 예산이 눈에 너무 많이 띄더군요. 관행적으로 썼던 예산들만 제대로 절약해도 상당한 금액이 될 겁니다. 이런 낭비성 예산에 비하면 신규 사업에 들어갈 재원들은 오히려 얼마 되지 않아요."

내가 그들에게 들려준 대답이었다.

공약을 만들 때 제일 처음 고심한 것이 바로 재원 조달 방법이다. 청계천 복원 사업부터 대중교통, 강남·북 균형 발전, 복지·문화 서비스 확대에 이르기까지 재원 조달 계획은 이미 세워져 있었다.

과거 공무원들의 예산 수립 과정은 매우 허술했다. 치밀한 조사를 해서 예산을 수립해야 하는데도 전년도의 관행대로 하는 게 많았다. 상황이 바뀌었는데도 관행을 답습하다보니 불용예산이 나오기 일쑤였다.

또한 불용예산이 나오면 예산을 줄일 수 있는데도 사업 과정의 편의를 위해 필요하지도 않은 일에 예산을 집행했다. 이런 낭비성 집행만 줄여도 재원을 조달하는 데에는 문제가 없어 보였다.

"그렇게 예산 절감을 공약으로 내걸면 저희들은 사업에 필요한 재원조차 조달할 수 없을 겁니다."

참모들이 우는 소리를 했지만 그것도 부드럽게 물리쳤다. 오히려 한 걸음 더 나아가 연 10%씩 예산을 절감해나가겠다고 큰소리쳤다. 민선 3기 서울시 정부가 그토록 많은 예산 절감에 성공할 수 있었던 노하우는 무엇이었을까? 이것은 많은 사람이 궁금해하는 부분이기도 하다.

사업 집행에서 창의력을 발휘하는 것을 제1원칙으로 삼았다. 관행대로, 혹은 편의대로 일하는 것을 최대한 경계했다.

'어떻게 하면 보다 적은 돈으로 효율적으로 일할 수 있을까?'

서울시의 전 공무원이 이런 사고방식을 갖게 된 것이다.

청계천 복원 과정에서 삼일고가도로를 철거하고 도로를 확보할 때의 일이다. 고가도로를 철거하면 결과적으로 차선이 줄게 된다. 그 대안으로 채택된 게 일부 차선을 P턴으로 그리는 것이었다.

줄어든 차선을 보충하기 위해 기존 보도였던 곳을 도로로 넓혀야 했다. 그리고 도로 부지를 확보하기 위해서는 도로변의 건물들을 헐고 철거 보상비를 줘야 했다. 그래야만 보도를 안으로 들이고 도로를 넓힐 수 있었다. 하지만 이런 방식으로 도로를 확충하자면 철거할 건물들의 보상비만 해도 엄청나게 많은 돈이 필요했다.

"도로변의 건물들을 꼭 철거해야 합니까? 뭔가 다른 방법이 없을까요?"

담당자들도 어마어마한 보상비에 엄두를 못 내던 차였다. 부랴부랴 머리를 맞대고 방법을 강구했다. 그렇게 머리를 맞대고 궁리하면, 아이디어는 나오게 되어 있었다.

"건물을 전부 철거하지 말고 도로변의 건물 일부가 기역(ㄱ)자로 들어가게 하면 됩니다. 그래서 2층부터는 건물도 유지하고 기역자로 들어간 부분을 보도로 활용하면 됩니다."

그건 민선 3기 서울시에서 처음 선보인 입체적인 도시 계획이었다. 그 결과 건물 보상비에 들어갈 수백억 원의 예산을 절감할 수 있었다. 만약 이전 관행대로 했다면, 꿈도 꾸지 못할 일이었다. 조금만 창의력을 발휘해도 이처럼 엄청난 예산 절감이 이루어지는 것이다.

또 하나의 원칙은 사업의 성격과 타당성을 철저히 따지는 것이었다. 특히 신공법이나 설계 변경 등에는 '그 공법이 꼭 들어가야 하는

지'에 대한 검토가 있었다.

지하철 9호선 구간 설계 입찰에서 있었던 일이다. 설계는 이미 끝난 상태였는데, 구간 간의 금액 차가 많이 나는 곳이 있었다.

"아니, 똑같은 구간인데 왜 이렇게 차이가 많이 납니까?"

"입찰 방식이 달라서 그렇습니다. 하나는 턴키 방식(설계시공 일괄 입찰)이고, 다른 건 분리 방식입니다."

"아니, 왜 입찰 방식이 서로 다릅니까? 그리고 입찰 방식이 다르다고 이렇게 금액이 많이 차이 납니까?"

"그게 그러니까….'

담당자는 난감한 표정으로 말을 얼버무렸다. 알아본 결과 속사정은 이랬다. 비싼 구간은 역사 내·외부의 인테리어에 고급 자재를 쓰기로 되어 있었던 것이다.

"역사에 이렇게 고급 자재를 써야 할 이유가 뭐 있습니까?"

결국 그 구간의 설계는 재검토되었다. 그 결과 처음 예산의 20% 이상을 절감할 수 있었다.

지하철역마다 설치한 장애인용 엘리베이터 예산을 절감한 것도 비슷한 경우다. 시장 취임 초기에 지하철 발산역에서 장애인이 장애인용 리프트에서 떨어져 사망한 사고가 있었다. 나는 현장으로 직접 나가 장애인용 리프트를 살펴보았다. 내가 봐도 위험했고, 불편해 보였다. 서울시의 장애인 시설은 당장 개선해야 할 정도로 열악했다.

'장애인 편의 시설만큼은 확실히 개선해야겠다. 우선 모든 지하철역에 장애인 및 노약자용 엘리베이터를 설치하자.'

나는 지하철역의 장애인용 엘리베이터 설치에 사명감까지 느꼈다. 그 길로 장애인용 엘리베이터의 설계를 맡기고 예산 편성을 지시했다. 그런데 예산 금액이 생각보다 너무 많았다.

"아니, 이렇게나 많이 소요됩니까?"

나는 놀라서 금액을 꼼꼼히 따져보았다. 설계안을 검토해보니 저절로 알 수 있었다. 지하철 구간의 엘리베이터는 노약자나 장애인을 위한 시설이다. 전체 이용객 수도 얼마 되지 않고, 하루 평균 이용 횟수도 그리 많지 않다. 그런데 설계안은 일반인들이 타는 고층 건물용 엘리베이터 기준을 적용한 것이었다.

"노약자와 장애인용 엘리베이터가 몇십 명씩 탈 수 있는 아파트나 회사 건물의 엘리베이터와 같을 필요가 있습니까? 화려할 이유도 없고, 속도가 빨라야 할 이유도 없습니다."

결국 지하철역 엘리베이터의 설계와 예산 편성도 재검토되었다. 사실 지하철역 장애인용 엘리베이터 설치는 현재보다 미래를 내다보는 사업이었다. 설치 금액만 놓고 단순 비교하면 서울시에 있는 장애인들에게 승용차를 한 대씩 사주는 게 훨씬 경제적이었다. 그러나 고령화 사회와 사회복지 차원의 인프라를 위해 투자한 것이었다.

무슨 사업이든지 시작 단계부터 사업 성격에 설계가 부합하는지를 철저히 따져보았을 뿐이었다. 예산을 좀 더 효율적으로 써보자는 자세만으로도 수백억 원을 절약할 수 있게 된 것이다.

"세금을 내 돈처럼 씁니다"

"그렇게 초고속 승진을 할 수 있었던 원동력이 무엇입니까?"

현대건설에서 초고속 승진을 거듭할 때 기자들이 늘 하던 질문이었다. 그때마다 내 대답은 비슷했다.

"회사 돈을 내 돈같이 생각하고, 회사를 내 회사로 생각하는 겁니다."

회사 돈을 내 돈처럼 아낀다는 것은 그만큼 회사에 헌신한다는 뜻이다. 서울시장에 부임한 뒤, 공무원들에게 강조한 말도 비슷했다.

"국민들이 걷어준 세금을 내 주머닛돈으로 생각해야 합니다. 기업들은 돈을 벌어야 하지만 공공부문에선 국민이 걷어준 돈을 잘 쓰기만 하면 됩니다. 기업에서 하는 것의 반만 하면 되는 것이죠. 그러니 공무원들이 더 잘해야 하지 않겠습니까?"

기업의 경우 경영을 잘못하면 그 손해는 그 기업의 구성원들에게만 돌아간다. 그러나 서울시장과 공무원들은 조금 다르다. 세금을 효율적으로 쓰지 못하면 그 손해는 1천만 서울시민에게 돌아간다.

그런 면에서 돈을 쓰는 책임만큼은 서울시 공무원들이 기업보다 크다고 할 수 있다. 이것이 공무원들이 국민의 세금을 내 돈처럼 생각해야 할 첫 번째 이유다.

그런데 현실에서는 어떤가? 솔직히 세금을 낭비하는 사례가 너무 비일비재하다.

경부고속전철이 최초 발주할 때의 예상 금액은 5조 원이었다. 그런데 경부고속전철은 아직도 완공되지 못한 사업이다. 10년이 늦어지는 바람에 얼마를 더 들여야 할지 모른다.

이 정도 돈이라면 아마 자금난에 빠진 대한민국의 중소기업을 상당수 살리고, 초중고교의 교육 시설을 다 바꿀 수 있는 돈이다. 정책을 집행한 공무원들이 주인 의식을 갖고 임했더라면 충분히 막을 수 있는 일이었다.

서울시의 경우, 2005년 한 해에만 예산을 약 8000억 원 절감했다. 이런 발표를 접하면 얼핏 고개를 절레절레 젓는 사람도 있다.

'도대체 어떻게 했기에 8000억 원을 절감할 수 있었을까? 과거의 예산액들은 모두 풍선처럼 부풀려진 금액들이란 말인가?'

그러나 이것들은 모두 합리적으로 줄인 데서 나온 결과이다. 낭비성 예산을 줄이고 일하는 과정에서 철저히 따지고 검토한 결과인 것이다. 뒤집어보면 과거, 낭비성 예산이 적지 않았음을 추측하게 해준다.

서울시에서는 세출 예산을 예산배정 단계, 계약 단계, 사업집행 단계로 구분해 절감 방안을 강구하고 있다. 예산배정 단계에서는 구체적인 사업계획 수립과 사업물량 조사를 통해, 계약 단계에서는 기술적 타당성 검토와 원가 계산과 계약 방법 결정 등을 통해, 그리고 사업집행 단계에서는 일하는 방식의 개선과 설계 변경 및 신공법 도입 등을 통해 한 푼이라도 예산을 절감하기 위해 노력하고 있다.

이러한 알뜰살뜰 마인드는 현장 일선으로까지 급속하게 퍼져 있다. 현재 공사 현장에서는 자재를 재활용하고, 유휴 장비를 민간에 대여하거나 물품을 통합 구매하고, 도로 표지판이나 수첩에 민간 협찬을 적극 유치하는 등의 방법으로 예산 절감에 나서고 있다. 8000억 원의 예산 절감은 이처럼 치열한 과정을 통해 나타난 결과물이다.

지난해 서울시 지하철 운영 수익도 사상 최초로 흑자를 기록했다. 취임 초에 5조 원에 육박하던 지하철 운영 부채는 2조 1000억 원까지 줄어들었다. 이런 결과들은 철저하게 민선 3기 시 정부에서 노력한 결과였다.

만약 예산 절감 노력을 하지 않았다면 서울시 지하철 요금은 또 한 번의 인상이 불가피했을 것이다. 지하철 부채를 절감할 수 있었던 것은 일정 부분 책임경영제 덕도 있다. 책임경영제를 실시하니까 지하철 사장들이 부대사업 등을 통한 수익기반 조성에 발 벗고 나서지 않을 수 없었다. 민선 3기 서울시 정부의 기업 경영 마인드가 결실을 맺었다는 방증이었다.

서울 경영 4년 동안의 예산 절감 노력은 행정의 효율성이 무엇인지를 보여준 사례라 자부한다. 또한 공무원들이 기업 경영 마인드를 체득하는 확실한 기회도 되었을 것이다. 국민의 돈을 내 돈같이 여기는 행정, 그것이 곧 최고의 효율이었다.

2

브랜드

주식회사 서울을 팔아라

시청을 덮은 태극기 마케팅

　저는 나라 사랑의 특별한 의미가 담긴 이 태극기를 나라의 명절인 10월 3일을 기하여 유럽에 하나밖에 없는 이준열사기념관(Yi Jun Peace Museum) 정면에 게양하였습니다. …(중략)… 나는 특별히 애국자는 못 돼도 매일 아침 태극기를 이준열사기념관에 게양합니다. 1995년 개관 이래 지난 10년간 일요일을 제외하고 매일같이 나는 이 태극기를 이국의 한 고옥(古屋)에다 게양하면서 마음속으로 조용히 '대한민국 만세'를 외치고 있습니다.

　지난 2005년 10월 네덜란드 헤이그에 있는 사단법인 '이준열사기념관'의 관리자 이기항 씨가 보내온 편지글의 일부다. 그가 내게 편지를 보내온 사연은 이렇다.

서울시는 2005년 8월 15일에 광복 60주년을 기념하여 태극기 3600장으로 시청 건물을 뒤덮는 설치미술을 선보였다. 그때 사용한 제1호 태극기를 '이준열사기념관'에 기증했는데, 이에 이기항 씨가 편지로 고마움을 전해온 것이다.

머나먼 유럽의 외딴 도시 헤이그에 매일같이 태극기가 게양된다는 사실은 평소 잊고 있던 태극기의 의미를 새삼 깨닫게 해준다.

광복 60주년 기념 시청 본관 태극기 설치미술은 도시 브랜드 전략 차원에서 접근하고 기획한 것이었다. 지금같이 전 세계가 하나의 시장으로 통합되는 글로벌 경제 시대에는 국가나 도시도 하나의 브랜드 개념으로 접근할 필요가 있다.

'광복 60주년을 맞아 서울과 대한민국의 브랜드 이미지를 높이고, 시민들에게 자부심을 줄 수 있는 이벤트는 무엇일까?'

이벤트를 기획할 당시 우리가 고민했던 문제는 그런 것이었다. 대한민국과 수도 서울이 맞는 광복 60주년의 의미는 남달랐다. 건국과 근대화를 거쳐 선진국 문턱에 다다른 현재까지, 수도 서울은 대한민국의 근대화와 산업화, 민주화의 선도적인 역할을 해왔다.

근대화와 산업화의 중심지였고, 88 서울 올림픽과 2002 한·일 월드컵의 중심지로 대한민국의 위상을 높이는 데 앞장서 왔다. 서울시민들 또한 자부심을 갖고 있었다. 그런데 최근에 와서 수도 이전 논쟁 등으로 자부심과 상징성이 많이 약해진 게 사실이었다.

담당 공무원들은 이런 부분을 모두 고려해서 광복 60주년 행사를 기획했다. 서울시민들의 자부심도 되살리고, 브랜드 이미지도 높이는 이벤트가 되도록 고심했던 것이다.

"지난 2002년 월드컵 때 시청 앞 광장 응원이 연상되도록 태극기를 통해 시민들이 자긍심을 갖도록 연출해보면 어떨까요?"

누군가의 그런 작은 아이디어로부터 시청 본관 설치미술은 구상되었다. 태극기는 2002년 길거리 응원의 열기를 떠올릴 수 있는 호소력 있는 소재였다. 아이디어는 금방 시청 본관을 태극기로 덮자는 안으로 발전했다.

"시청 앞 광장과 시청 건물은 서울시민들에게 상징적인 장소입니다. 더욱이 시청 건물은 일제 시대에 지어진 건물 아닙니까? 그걸 태극기로 뒤덮는 설치미술을 보여주고 서울광장에서 〈코리아판타지〉가 울려 퍼지는 공연을 한다면 상당히 의미 있고 인상적인 기념행사가 될 것입니다."

얼개는 어느 정도 잡혀가고 있었다. 남은 문제는 태극기로 시청 본관 건물을 어떻게 뒤덮느냐는 것이었다. 처음에는 대형 태극기 한 장으로 시청 건물을 덮자는 의견이 나왔다. 현실적으로 그것은 불가능했다. 시청 건물의 형태와 태극기의 비율이 맞지 않았다.

태극기를 덮는다는 아이디어만 있을 뿐, 여전히 구체적인 방법이 나오지 못했다. 누군가는 시청 본관 앞에 커다란 지지대를 만들고 거기에 태극기를 걸자는 의견도 냈다. 그것은 별로 좋은 방법 같지 않았다. 보기에 따라선 거부감까지 느껴질 우려가 있었다.

"너무 어렵게 생각하는 거 아닙니까? 왜 꼭 대형 태극기 한 장으로만 해야 합니까? 시청 건물에 빨랫줄 같은 줄을 달고, 거기에 여러 장의 태극기들을 붙이면 자연히 바람에 날리고 보기에도 좋지 않겠습니까?"

나의 의견을 바탕으로 젊은 작가들이 세부적인 표현 전략을 만들었다. 시청 건물의 특성을 감안해 대형 태극기 1장과 3600장의 소형 태극기를 걸어 태극기가 바람에 휘날리도록 표현한 것이다.

서울시 광복 60주년 기념 이벤트는 시민들에게도 엄청난 반향을 이끌어냈다. 8월 15일 서울광장에는 일찍부터 찾아온 2만여 시민들로 발 디딜 틈이 없었다. 서울광장에서는 세계적인 지휘자 정명훈 씨가 서울시향 음악감독 부임 첫 공연을 했다.

국내에만 반응이 좋았던 게 아니다. 일본 역시 패전 60주년 기념 행사를 했는데, 일본의 NHK방송을 비롯한 언론들은 태극기와 애국가 이벤트를 대대적으로 보도했다.

광복 60주년 기념 행사는 서울의 브랜드 전략이 어떠해야 하는가를 잘 보여준 케이스이다. 차별화된 이벤트로 서울시민의 자부심을 키우면서 서울이라는 브랜드의 이미지를 높인 행사였기 때문이다. 이후 행사에 쓰여진 태극기는 시민들에게 우편료 1000원을 받고 모두 나눠주었다.

원하는 시민들에게 그냥 나눠주고 싶었지만 혹시 있을지 모를 정치적인 오해를 피하고자 우편료만 받은 것이었다. 그런데도 시민들은 태극기를 서로 받으려고 경쟁적으로 신청했다. 그날 행사에 시민들이 느낀 감동이 그만큼 컸기 때문일 것이다.

대륙을 움직인 '서우얼'

현대를 흔히 브랜드의 시대라고 말한다. 브랜드의 가치가 시장에서의 성패를 좌우하는 결정적 요소이기 때문이다.

미국마케팅협회는 브랜드를 "제품이나 서비스를 경쟁자의 그것과 구별하기 위해 붙인 이름, 심벌, 디자인, 혹은 이들의 조합"이라고 정의하고 있다. 즉, 브랜드란 이름이나 이미지, 사운드나 영상 등과 같은 제품과 서비스에 부여된 이미지의 총합이라 할 수 있다.

도시 브랜드 개념도 크게 다르지 않다. 그 도시를 상징하는 문화재와 이미지, 축제와 환경 인프라, 시민들의 친절도 등이 모두 합쳐져 하나의 도시 브랜드가 형성된다.

예컨대 파리 시라는 브랜드는 도시 풍경과 예술, 문화 인프라, 전통, 그리고 파리 주민들의 삶이 한데 어우러져 만들어진 이미지의 총합이다. 파리 시는 이런 차별성을 더욱 돋보이게 하기 위해 이미지, 상징, 문화상품 등을 다양하게 활용하는 브랜드 전략을 구사한다. 파리뿐 아니라 뉴욕도, 런던도, 로마도, 싱가폴도 저마다 일관된 브랜드 전략을 구사하고 있다.

"이제 서울도 우리 서울의 도시 이미지, 도시 브랜드, 도시의 역사를 문화자본으로 육성해야 합니다."

내가 2003년 신년사에서 강조했던 말이다. 이건 급조한 게 아니라 오래전부터 가지고 있던 생각이었다.

나는 오랜 시간 기업 CEO를 역임하면서 세계 각국의 도시들을 방문할 기회가 많았다. 세계 일류 도시들의 행정, 교통, 복지제도와 문화를 접하면서 도시들의 차별화된 브랜드 전략을 경험했다. 그러면서 이제 서울도 독자적인 정체성을 살린 브랜드 전략이 필요하다고 느꼈다.

상품과 서비스의 이름을 잘 짓는 것도 브랜드 전략의 일환이다. 이름에서 그 상품의 이미지와 가치가 드러나기 때문이다. 민선 3기 시 정부에 생긴 '푸른도시국', '건강도시추진반', '도시디자인과' 등의 부서들은 이름에서 업무의 성격을 명확히 알 수 있고 더불어 친근감까지 준다.

'청계광장'은 시민들의 참여로 지어진 이름이다. 3700여 명의 응모자들이 지은 이름 중 기억하기 쉽고 부르기 쉬운 '청계광장'을 당선작으로 뽑았다. 이름을 짓는 과정에서부터 이미 시민에게 다가섰기에 훨씬 더 친근함이 묻어나고 있다.

브랜드 네이밍 전략에서 무엇보다 주목할 것은 서울의 중국식 표기를 바꾼 일이었다.

서울시는 2005년 1월 서울의 중국어 표기를 기존 '한성(漢城)'에서 '으뜸가는 도시'라는 뜻의 '수이(首爾: 중국식 발음 '서우얼')'로 변경했다.

한성 표기를 서울로 바꾸는 작업이 시도된 게 이번이 처음은 아니었다. 이미 10여 년 전에 공보처에서도 시도했는데, 중국과의 관계를 우려해 보류했던 것이다. 그러나 '한성'이라는 이름은 현실적으로 개선할 필요성이 많이 제기되었다.

특히 서울을 방문한 중국인들이 혼선을 많이 겪었다. 그래서 서울대학교와 한성대학교를 구분하지 못하는 일도 종종 있었다. 이것은 서울의 브랜드 전략 차원에서 시급히 바로잡아야 할 과제였다. 그러나 이번에도 10여 년 전과 똑같이 우려의 목소리가 들려왔다.

"중앙정부에서 하려다가 실패했고, 서울시에서도 여러 번 검토로 끝낼 수밖에 없었던 일인데 가능할까요?"

서울의 중국어 명칭 변경 업무는 몇 개월 동안 이 분과에서 저 분과로 떠넘겨지기만 했다. 처음에는 행정분과의 일이었다가 국제협력과, 문화과 등을 전전하다 최종적으로 문화재과로 넘어왔다.

문화재과에서는 중국어 교수들과 중국 전문기자, 현지 중국인들이 포함된 자문위원단부터 구성했다.

"한성이라는 이름이 뭡니까? 과거 중국에 조공을 바치던 속국의 수도 이름입니다. 그만큼 서울을 비하하는 뜻이 담긴 것으로 볼 수도 있습니다. 이건 미래 지향적인 도시를 만들기 위해 반드시 시정해야 할 시대적 과제입니다."

나는 담당자에게 그 중요성을 재차 강조했다. 자문위원들도 그게 서울의 정체성을 찾는 일임을 누구보다 잘 알고 있었다. 나는 이 일을 서두르라고 닦달하지 않았다. 충분한 의견 수렴을 거치길 원했다.

자문위원단을 구성해 회의를 개최하고, 시민들의 여론을 수렴하고 명칭을 공모하는 데에만 1년여의 시간이 걸렸다. 명칭 공모는 인터넷을 통해 실시했는데, 일부러 중국인들한테까지 받았다. 응모된 명칭을 놓고 자문위원들이 심사한 결과 새로운 이름은 '서우얼'로 최종 확정되었다.

2005년 1월 19일, 나는 서울의 중국어 표기를 바꾸었음을 정식으로 발표했다. 그런데 발표가 나가자마자 중앙정부에서 반대를 하고 나섰다.

"서우얼(首爾)이라는 말은 그동안 없었습니다. 국어 정책에도 어긋납니다."

"그럼 거리에 있는 수많은 표지판은 어떻게 할 겁니까? 그걸 교체하려면 시간이 필요합니다."

"혹시나 중국을 자극할 수도 있는 문제입니다. 우리가 정한 명칭대로 불러달라고 요구하기가 쉬운 건 아닙니다."

관련 부서인 문화부와 건교부와 외교통상부의 최초 입장들이 각각 그랬다. 서울시에서는 이미 표기를 바꾸기로 발표했는데, 중앙정부에서 반대하다보니 자칫 혼란만 가중될 위기에 놓였다.

그래서 시청의 문화재과장이 정부 정책상황실 담당 국장을 직접 만나러 다니기 시작했다.

"언젠가 바꿔야 한다면, 지금이 적기입니다. 우리나라의 의지를 중국에 확실히 보여주기 위해서라도 바꿀 수 있는 것부터 빠른 시일 내에 교체해야 합니다."

정부 부처들과 달리 정책상황실 담당 국장은 비교적 호의적이었다. 하지만 건교부에서는 여전히 표지판 바꾸는 데 예산과 시간이 필요하다는 핑계를 댔다.

"우리가 파악하기론 표지판을 그렇게 많이 바꿀 필요가 없어요. 공항에서 도심으로 이어지는 공항로 주변에만 한성이란 한자 표기가 10여 개 있습니다. 그것들부터 바꾸고 일단 일부 교통 지도만 바꿔주면 됩니다."

문화재과장은 건교부의 논리를 정면으로 반박했다. 아예 국무총리실에 들러 담당 사무관과 담판을 짓고 동의를 이끌어냈다. 새로운 중국어 표기를 확정한 뒤부터 중앙정부의 동의를 이끌어내기까지 2개월 가량이 소요되었다.

내가 3월 초에 해외 순방을 나갈 때만 해도 공항로의 중국어 표기는 여전히 '한성(漢城)'이었다. 그런데 순방을 마치고 귀국할 때보니 어느덧 '서우얼(首爾)'로 바뀌어 있었다. 처음에는 난색을 표명하던 외교통상부도 곧 마음을 바꾸었다. 중국에 정식 외교 서한을 보내 표기 수정을 요청한 것이다.

우리를 가장 많이 도와준 것은 오히려 민간 분야의 중국인들이었다. 그들은 중앙정부 일부 부서들의 우려와 달리 변화를 빨리 받아들였다. 바뀐 표기가 그들에게도 편리하기 때문이었다. 남은 것은 중국 정부의 입장뿐이었다.

"중국 사람들은 실용적입니다. 지금 한성으로 표기해서 불편한 건 그들입니다. 한국과 교류하는 중국인들이 더 편리해지는 이상 중국

정부도 틀림없이 받아들일 겁니다."

"중국 정부에서 서울시의 요청을 안 받아들이면 어떻게 하느냐?"
고 걱정하던 담당관에게 내가 한 대답이었다. 서울시의 결정은 외교
적인 관례에 비추어봐도 옳았다. 소리 나는 대로 발음하고 표기하는
것은 이미 국제적인 관례였다.

중국 정부에서 서울의 표기를 '서우얼(首爾)'로 하겠다고 공식
발표한 것은 10월 24일이었다. 사실 민간 부분에 비하면 상당히 늦
은 편이었다. 문화재과 담당 공무원들은 늑장 발표에 답답해하기
도 했다.

그러나 뒷날, 외교부 직원을 통해 전해 들은 사연은 사실과 달랐
다. 후진타오 주석이 노무현 대통령에게 보낸 8월 15일 광복 60주년
경축 서한에 이미 '서우얼(首爾)'로 표기되어 있었다는 것이다. 그
러니까 공식 발표를 하기 두 달 전부터 이미 기정사실화하고 있었던
셈이다.

서울의 중국식 표기 수정은 600년의 역사를 자랑하는 서울의 정
체성을 찾는 일이었다. 13억 중국인들이 서울의 자부심을 담담히
인정해준 것이다.

이 일로 문화재과는 두 달을 연달아 성과 포상금을 거머쥘 수 있
었다. 포상금을 받을 만한 충분한 자격이 있었다. 서울의 이름은 단
순한 호칭에 그치는 게 아니라 앞으로도 널리 사용되어야 할 고유의
브랜드이기 때문이다.

민선 3기 자치정부와 함께 출범한 '21세기 서울기획위원회'에서

는 서울을 브랜드화 하는 작업에 골몰했다. 그 결과 '세계인에게 친근하고 역동적으로 활동할 수 있는 세계 일류 도시'라는 서울의 핵심 정체성을 구축했다.

매년 5월에 개최하는 'Hi Seoul 페스티벌'은 한류 열풍을 적극 활용해, 브라질의 '삼바 축제', 일본의 '삿포로 축제', 독일의 '옥토버페스트', '러브 페스티벌'과 견줄 수 있는 세계적인 축제로 발전시킬 예정이다.

서울의 브랜드 작업은 여전히 현재진행형이다. 그것은 문화 · 환경 · 복지 수준을 높이는 작업과 떼어놓을 수 없는 관계를 갖는다. 포장이 빛을 발하기 위해서는 무엇보다 실질적인 콘텐츠가 중요하기 때문이다.

21세기에 브랜드 가치가 높은 도시는 기능과 효율뿐 아니라 환경과 문화가 공존하는 도시가 될 것이다. 청계천 복원, 서울숲 조성, 대중교통 개편, 하이서울페스티벌 개최 등과 같은 일련의 사업들도 결국 도시 브랜드를 높이는 효과적인 수단이다.

브랜드 가치가 높은 도시는 결국 '살고 싶은 도시, 가보고 싶은 도시'이다. 살고 싶은 도시, 가보고 싶은 도시, 서우얼을 위한 전진은 오늘도 계속된다.

3
환경을 위한 개발

· · ·

두 마리 토끼를 잡다

청계천에서 찾은 도시 경쟁력

"시장님께서는 너무 눈에 보이는 개발과 사업 성과에만 집착한다는 비판이 있는데, 이에 대해 어떻게 생각하시는지요?"

지난해 서울 소재 대학신문사 편집장들과의 토론 자리에서 모 학보사 편집장이 앳된 목소리로 던진 질문이었다.

여러 가지를 생각하게 하는 질문이었다. 사회적 갈등에 무관심했던 적은 없었지만 어쨌든 사회적 갈등 극복에 관심을 가져야 한다는 지적은 젊은이다운 패기가 느껴지는 것이었다. 그러나 내가 개발에만 집착한다는 비판은 받아들일 수 없었다.

"내가 개발에만 집착한다고 했는데, 그건 개발이라는 개념을 잘못 알고 하는 소리입니다. 청계천 복원만 해도 그건 절대 일방적인 개발이라 할 수 없습니다. 오히려 환경 복원 사업이라고 봐야 합니다."

그런 생각은 지금도 변함이 없다. 청계천만 놓고 봐도 그렇다. 만약 청계천을 그대로 방치해두었다면 어땠을까?

지금도 청계천 인근 22만 상인들은 유독 가스가 뿜어져 나오는 곳에서 건강을 버리며 생업을 이어가고 있을 것이다. 복개도로 아래에 차 있는 유독 가스가 언제 발화성 물질에 닿아 폭발을 일으킬지 모른다. 개천이 흐르던 곳을 이중으로 틀어막아 여름이면 다른 지역보다 평균 2~3도씩 온도가 높아질 게 틀림없었다.

시간이 지날수록 청계천은 서울의 대표적인 골칫거리로 전락할 게 뻔했다. 인근 고가도로 주변은 사람들의 발길이 점점 끊어질 것이며 서울을 방문하는 외국인들에게도 불쾌한 인상으로 남을 것이다.

도심 한복판에 그런 열악한 지역을 방치한 상황에서는 '동북아 허브 도시'니 '세계 일류 도시'니 하는 말도 뜬구름 잡는 소리에 불과할 것이다.

그런데 복개도로가 뜯긴 자리에 5.8㎞에 걸쳐 시원한 강물이 흐르고 있는 지금은 어떤가?

복원한 지 1년이 채 안 되었는데도 청계천 하류 구간은 철새들의 새로운 서식지로 거듭나고 있다.

조사 결과에 의하면 청계천 복원 구간에는 20종이 넘는 철새들이 서식하고 있다. 특히 청계천 하류인 고산자교~중랑천 합류부 구간은 청계천 복원 후 쇠오리와 고방오리, 청둥오리, 넓적부리, 흰뺨검둥오리 등 21종 1800여 마리의 철새들이 날아들고 있다. 하천을 복원할 때 물억새, 갈대, 꽃창포 등을 심어 자연 하천과 비슷하게 조성한 게 특히 주효했다.

이뿐만이 아니다. 청계천 주변 시민들의 삶도 몰라보게 달라졌다. 올 봄에는 인근에서 나물 캐는 아낙들의 모습도 심심찮게 볼 수 있었다. 아이들에게는 자연 학습의 살아 있는 장으로 활용된다. 아이들이 도심 한복판에서 시냇물 소리를 들으며 생태 학습을 할 수 있게 된 것이다. 벌써부터 아이들은 금붕어나 미꾸라지들을 청계천에 갖고 와서 곳곳에 놓아준다. 아마도 여름에는 개울물에 발을 담그고 삼삼오오 담소를 나누는 모습도 보게 될 것이다.

청계천은 주말마다 색다른 변신을 하기도 한다. 가족들의 나들이 명소로 거듭난 것이다. 광통교에서 옛 전통 놀이인 '다리밟기'를 하자 시민 수천 명이 구경을 나왔다. 시민들이 도심에서도 자연과 더불어 휴식할 수 있는 공간을 갖게 된 것이다.

청계천은 명실상부한 서울의 랜드마크가 되고 있다. 지난 2003년에는 베네치아 국제건축비엔날레에서 최우수 시행자상을 수상하기도 했다. 당시 각국의 전문가들은 서울시가 출품한 청계천 복원 사업에 큰 관심을 나타내면서 5.8㎞에 이르는 도시 하천 복원에 찬사를 아끼지 않았다.

전시회 기간 내내 이탈리아 TV와 라디오, 영국의 BBC 방송 등 특히 유럽 지역 언론들이 집중적인 관심을 드러냈는데, 그들이 관심을 기울인 속내는 한 가지였다. 청계천 복원이 개발과 환경 복원이라는 두 마리 토끼를 잡은 보기 드문 사례라는 점이다.

환경을 죽이는 개발이 아니라 환경을 살리는 개발, 환경과 개발이 공존할 수 있다는 가능성을 청계천이 보여주었던 것이다.

"환경과 개발은 싸우지 않습니다"

나는 시장 취임 이후 끈질기게 '신개발론자' 라는 오해를 받아왔다. 그런 평가는 사실 '불도저' 라는 별명만큼이나 달갑잖은 평가였다.

'사람들의 선입견이라는 게 얼마나 고쳐지기 어려운 것인가?'

'신개발론자' 라는 말을 들을 때마다 가졌던 생각이다. 그런 주장에 의하면, 내가 개발만을 능사로 여겨 서울을 온통 공사판으로 만들고 있다는 것이다. 또한 임기 중에 성과를 보이려는 욕심으로 무리하게 공사를 강행해 갖가지 부작용을 일으켰다는 것이다.

그러나 내가 개발독재 시대의 패러다임을 고수하는 '신개발주의자' 라면, 청계천을 지금처럼 만들지는 않았을 것이다. 아마 그곳을 다 메워버리고 대단위 위락 시설이나 상업지구로 조성하지 않았을까? 기술적으로도 그곳을 메워버리는 것은 그리 어려운 일이 아닐 터였다.

내가 '신개발론자' 로 몰리는 이유를 전혀 모르는 것은 아니다. 비판론자들 가운데에는 도시 환경도 자연 환경처럼 무조건 보호하고 개발하지 말아야 한다고 생각하는 사람들이 있기 때문이다.

그러나 도시 환경의 개념은 조금 다르다. 도시 환경이란 일차적으로 도시에 사는 사람들을 고려해야 한다. 일정 지역을 묶어두고 보존하는 국립공원 같은 곳과는 구별되어야 하는 것이다.

도시 환경은 도시에 사는 사람들의 경제 생활, 문화 생활, 복지 생활 등을 포함한 인간적인 삶을 윤택하게 해줄 수 있어야 한다. 환경과 개발이라는 두 마리 토끼를 잡는 게 가능하다는 얘기다.

서울숲 조성도 환경과 개발의 두 마리 토끼를 잡은 사례라 할 만하다. 내가 개발로 인한 경제적 가치에만 눈이 멀었다면, 뚝섬을 나무가 있고 노루가 뛰어노는 생태도시공원으로 조성하진 않았을 것이다. 더구나 뚝섬 일대는 오래전부터 개발론자들이 눈독을 들인 땅이었다.

뚝섬은 광진구와 성수동과 동대문 일대로 이어지는 서울의 대표적인 낙후 지역이다. 그동안 뚝섬에 '차이나타운', '상업지구', '야구 돔구장' 등과 같은 대규모 개발 계획들이 들어선 것도 미개발 지역이라는 특성을 고려한 것이었다. 그러나 나는 다른 차원에서 접근했다.

'이젠 개발 방식도 과거와 달라야 한다. 서울 동북부 지역이 낙후된 최대 원인은 그곳에 친환경적인 인프라가 없기 때문이다. 친환경적인 인프라를 만들어주면 주변 지역의 살림살이도 나아지고, 자연히 개발도 될 것이다.'

개발독재 시대에는 하나의 거점을 집중 개발하고, 그 주변이 파급효과를 얻게 하는 거점개발 정책을 썼다. 그러나 이제 거점개발 방식은 곤란하다.

낙후된 지역은 사람들을 끌 만한 매력 요소가 없다. 가장 부족한 부분이 환경적인 인프라였다. 강서북에는 월드컵공원, 강남서에는 보라매공원, 강남에는 올림픽공원이 있다. 각 지역마다 나름의 환경 인프라가 구축되어 있는 것이다.

그러나 서울 동북부 지역만 유난히 환경적인 인프라가 취약했다. 서울숲은 그런 접근으로 만들어낸 공원이었다. 즉, 그 지역에 환경 인프라를 먼저 구축한 뒤에 주변 지역이 자연스레 개발되도록 하는 '유턴 전략'을 활용한 것이다.

아쉽게도 서울의 환경 인프라는 아직도 부족하다. 시민들이 사람답게 살게 하기 위한 친환경적 공간들은 더욱 늘어나야 한다. 그것이 세계 일류 도시로 가는 지름길이다.

용산 미군 기지가 철수하면 그곳을 시민 공원으로 조성해야 한다고 말한 적이 있다. 그 생각은 지금도 변함이 없다.

용산 미군 기지 부지는 경제적 가치만 따진다면 확실히 금싸라기 땅이다. 그러나 경제적인 가치보다 더욱 중요한 것은 바로 그곳이 서울의 중심부이고, 그런 중심부에 외국의 군 기지가 들어섰다는 상징성이다.

이런 상징적인 의미를 되찾기 위해서는 그곳이 전 국민이 공유할 수 있는 시민 공원이 되는 게 바람직하다. 그렇게만 된다면, 서울도 미국의 '센트럴파크' 부럽지 않은 중심부 녹지 공원을 갖게 되는 셈이다.

이런 환경 인프라는 서울의 인지도를 높여주어 외국의 투자가들에게도 매력적으로 비칠 것이 틀림없다. 이처럼 친환경적인 개발은 환경을 살릴 뿐만 아니라 경제를 살리는 데도 크게 기여한다.

이전 시대까지 환경과 개발은 대립되는 개념이었다. 환경을 위해서는 개발하지 말아야 하고, 개발을 위해서는 환경을 파괴하지 않을 수 없었다. 그러나 다가오는 시대에는 이런 구분들이 점차 모호해질 것이다. 환경과 개발은 더 이상 대립되는 개념이 아니라 상호보완적인 개념이 될 것이다.

1992년 6월 브라질 리우데자네이루에서 열린 국제연합환경개발회의에서 채택한 '의제 21'에도 그런 뜻은 잘 드러난다.

유엔은 리우협약과 '의제 21'을 통해 지구 환경을 각국 스스로 보존하고 개발을 조화시켜 지속 가능한 발전을 하도록 권유하고 있다. 환경을 고려하는 개발과 개발을 통한 환경 보존이 구체적인 실천 지침으로 나타난 것이다.

우리나라의 경우 1990년대 이전의 개발 정책은 효율과 발전이라는 개념에 맹목적으로 치우쳤던 게 사실이다. 그때까지만 해도 우리 사회는 인간적인 삶이나 문화와 환경을 고려할 여유가 없었다.

나 또한 그런 시대를 헤쳐왔고, 그 선두에 있었음을 부정하지 않는다. 그 시절에는 그게 최선이라 생각했다. 먹고사는 문제를 위해서라도 개발해야 할 것들이 많았다. 그것은 또한 국민 대다수가 합의한 절대적인 과제였다.

그러나 우리 사회는 많이 변했다. 과거 개발독재 시대의 패러다임은 마치 유행이 지나버린 옷처럼 맞지 않는 가치가 되었다. 지금은 환경과 문화의 시대이고, 그에 맞는 새로운 목표를 찾아야만 한다.

개발이 무조건 나쁜 것이라면, 지속 가능한 발전이란 개념도 있을 수 없다. 지속 가능한 발전도 어디까지나 개발을 전제로 하는 개념이다. 아무것도 개발하지 않고 그대로 놓아두기에는 아직 우리 사회가 해야 할 일이나 만들어야 할 것들이 많다. 우리가 환경을 가꾸고 보존하기 위해서라도 뜯어고치고 보수해야 할 일들이 많은 것이다. 이런 경우 환경을 보존하고 가꾸는 개발은 이전 시대의 맹목적인 개발 드라이브 정책과 명백히 다르게 평가되어야 한다.

냉전 시대가 종말을 고하고 세계가 하나의 시장으로 통합되면서 이분법의 시대는 끝이 났다. 이것이냐 저것이냐의 선택을 강요할 게 아니라 이것과 저것을 동시에 추구하고 상호보완하는 것이야말로 새로운 시대에 맞는 패러다임이다.

4

행정 한류

- .
- .
- .

노하우를 수출하라

세계에 수출된 서울 행정 시스템

"서울의 한강처럼 우리 하노이 시에서도 홍강을 개발하려 하는데, 이명박 시장님이 도와주시길 부탁드립니다. 개발 계획을 서울시에서 만들어주면 사업을 진행할 때 한국 기업이 참여할 수 있도록 하겠습니다."

베트남 하노이 시를 방문했을 때에 부 반린 시장이 내게 했던 부탁이다.

부 반린 하노이 시장은 의욕적이고 진취적인 생각을 가진 시장으로, 특히 도시 현대화에 관심이 많았다. 서울도 여러 차례 다녀갔는데, 그때마다 서울의 전자정부 시스템에 높은 관심을 보였다. 그래서 하노이 시 공무원들은 서울시 전자정부 시스템을 적극적으로 벤치마킹했다.

그들은 일주일간 견학을 오기도 하면서 담당 공무원들에게 전자정부 시스템에 대한 여러 가지 자문을 구했다. 이후 서울의 전자정부 시스템은 자연스레 베트남 하노이 시에 수출길을 열었다. 내가 하노이 시에 들른 것도 '전자정부 MOU(Memorandum of Understanding : 양해각서)' 체결을 위해서였다. 그러니까 홍강 개발은 원래 예정에 없던 제안이었다.

그러나 부 반린 시장은 작정한 듯 보였다. 그들 입장에서는 대규모 건설 경험이 없었기 때문에 홍강 개발의 부담이 만만치 않았던 것이다.

"이명박 시장님이 추천하는 건설업체면 믿고 맡기겠습니다. 그러니 지원해주십시오."

내가 긍정적인 반응을 보이자 부 반린 시장은 더욱 적극적이었다. 말이 나온 김에 구두 약속이라도 받아내겠다는 기세였다. "원님 덕에 나팔 분다"더니. 그들이 서울시와 나를 믿고 개발 사업의 지원을 당부한 것이라 기분이 더 좋았다.

그렇게 해서 서울시에서는 하노이 시의 전자정부뿐 아니라 홍강 개발에도 참여하게 되었다. 현재는 하노이 시와 공동으로 홍강 개발의 장기 마스터플랜을 준비하고 있다. 마스터플랜이 확정되는 대로 우리 기업들의 진출도 본격화될 것이다.

서울시와 자매결연 도시인 몽골 울란바토르 시도 서울의 전자정부를 적극 벤치마킹하고 있다. 울란바토르 시와 전자정부에 대한 말이 오간 것은 지난해 5월 무렵이었다. 하이서울페스티벌 기간 중에 '울란바토르의 날'을 지정한 적이 있었다. 그때 몽골의 예술단체가 서울에서 공연을 했고, 울란바토르 미예검벙 시장에게 명예시민증을 수여한 뒤 인터뷰를 진행했다.

"서울과 울란바토르가 협력하려면 무엇부터 하는 것이 좋겠습니까?"

기자가 미예검벙 울란바토르 시장에게 던진 질문이었다. 미예검벙 시장은 망설임 없이 대답했다.

"서울의 전자정부 시스템을 배우고 싶습니다. 이 부분은 이명박 시장님과 별도로 이야기하고 싶습니다만…."

그렇게 해서 몽골 울란바토르 시와 전자정부 추진 협력이 시작되었다. 미예검벙 시장은 그날 출국 직전에 롯데호텔에서 나와 만나 많은 이야기를 나누었다.

"저희 몽골 울란바토르 시는 재원이 별로 넉넉하지 못합니다. 그러니 어떤 분야부터 해야 하는지 조언을 받았으면 좋겠습니다. 일단 저희 도시의 환경이 어떤지 둘러보는 게 중요할 테니 빠른 시일 내에 초청하겠습니다."

미예검벙 시장은 대단히 의욕적이었다. 그러나 전자정부 시스템이 의욕만으로 되는 것은 물론 아니다. 울란바토르 시의 경우 재원이 부족했고, 전자정부를 구성하기 위한 통신 인프라가 낙후했다.

그런데도 그가 전자정부를 주장하는 데는 특별한 이유가 있었다. 다름 아닌 부정부패 척결을 위해서였다. 울란바토르 시는 시민이 토지대장 증명서를 발급받는 데도 웃돈을 줘야 할 정도로 관공서 비리가 심하다고 했다. 그런 비리를 없애기 위한 고육지책으로 전자정부 설치를 구상한 것이었다.

그러나 울란바토르 시는 초원 지대에 위치한 도시였다. 도심을 조금만 벗어나면 도시 빈민들이 사는 천막집들이 널려 있었다. 그런 환경에 통신 환경이 잘 갖춰져 있을 리 없었다. 그런 광활한 지형에서는 유선보다 휴대폰이 유용할 터였다. 하지만 울란바토르 시는 이런 열악한 환경 탓에 엄두도 못 내고 있었던 것이다.

서울시는 자매결연 도시인만큼 울란바토르 시의 전자정부 구성을 최대한 돕기로 했다. 눈앞의 이익이 아닌 먼 미래를 내다보는 투자이자 순수한 호의에서 말이다.

지난해 9월 울란바토르 시에서 열린 '서울의 날' 행사에 일단 전자정부체험관부터 설치했다. 체험관은 각종 증명서와 공문서 발급 등을 체험할 수 있게 꾸몄는데, 울란바토르 시민들로 연일 만원 사례였다는 후문이다. 행사가 끝난 뒤에는 울란바토르 시에 PC 등과 같은 장비를 모두 기증했다.

현재 하노이의 부 반린 시장은 베트남 재무부장관이 되었으며 미예검병 시장은 국무총리가 되었다. 서울시가 보여준 우호적인 태도들이 앞으로 더욱 많은 협력으로 이어질 것임을 예감하게 한다.

서울시의 전자정부가 처음으로 수출된 도시는 모스크바였다. 서울에서 '모스크바의 날' 행사가 있었는데, 그때 루시코프 모스크바 시장이 대규모 문화예술단과 함께 서울을 방문한 적이 있다.

"모스크바 시는 e-모스크 전자정부 추진계획을 세우고 있습니다. 마침 서울시의 전자정부 시스템이 잘되어 있다는 이야기를 들었는데, 도움을 받고 싶습니다."

회담 도중에 루시코프 모스크바 시장이 그런 부탁을 해왔다. 나도 그 자리에서 모스크바 시에 최대한 협조할 뜻을 비쳤다.

2004년 6월 나는 국내 기업체들과 직접 팀을 구성해 모스크바를 방문했다. 쇠뿔도 단김에 빼랬다고, 말이 나온 김에 전자정부 시스템 수출을 타진하기 위해서였다. 서울시 관계자들의 방문에 모스크바 시는 무척 들뜬 분위기였다. 모스크바 시 관계자들은 일주일 동안 아침 6시부터 저녁까지 마치 청문회 하듯 서울시 전자정부 시스템에 대해 물어왔다.

"서울시의 전자정부 모델을 그대로 우리에게 해준다면 별도의 입찰 과정 없이 한국의 기업들이 모스크바 시의 전자정부 시스템을 만드는 데 참여하도록 하겠습니다."

어느 순간 루시코프 시장이 자신의 복안을 내게 직접 밝혔다.

'그렇게 되면 우리 기업들에게는 해외로 진출하는 길을 터주게 될 것이다. 그리고 서울시는 사업비 중에서 자문료와 지적재산권 지분을 갖게 된다. 그것을 가지고 IT 관련 장학기금을 조성하면 좋을 것 같다.'

내 머릿속에도 그런 재빠른 계산이 스쳐갔다.

'서울의 전자정부 모델을 그대로 가져가면, 모스크바 시는 시행착

오를 거치지 않아서 좋고, 서울시는 국내 기업들의 진출을 열어주는 역할을 해서 좋다.'

그거야말로 모스크바 시와 서울시 모두에게 '윈-윈'이 되는 협상이었다. 나는 루시코프 시장에게 찬성 의사를 표시했다.

그해 11월에 모스크바에서 '서울의 날' 행사가 열렸다. 그 행사 기간에 나는 모스크바 시와의 전자정부 협력을 위한 MOU에 서명했다. 모스크바 시의 전자정부 시스템 건설에 서울시가 적극 협력하는 한편 서울시 전자정부 모델을 e-모스크바에 수출하고, 한국에 있는 국내 기업들이 참여한다는 내용이었다.

모스크바 시의 'e-모스크바' 사업은 5년간 620억 루블(한화 약 2조 원) 가량이 소요되는 대규모 프로젝트다. 현재 서울시는 모스크바 시에 제안서를 제출하고, 민간기업들이 팀을 구성한 상태이다.

현재 러시아 'e-모스크바' 사업에 진출한 기업들은 삼성SDS, 엘지, SKCNC, KT, 삼성물산 등 대기업들이다. 하지만 초기 과정이 지나면 중소기업체들도 본격적으로 진출할 수 있을 것이라 여겨지고 있다.

글로벌 시대에는 경제활동을 하는 데 국경이 무의미하다. 전 세계가 하나의 시장으로 통합되고 있고 경쟁은 더욱 치열해진다. 이런 시대에 국가 관료들은 개인과 기업의 경쟁력을 높이는 데 지원 세력이 되어야만 한다. 그런데 최근까지도 우리나라의 관료들은 기업의 경쟁력을 높이기보다 발목을 잡는 경향이 많았던 게 사실이다.

언젠가 WEF(세계경제포럼)의 주선으로 한국 투자 유치 관련 회의에 참석했던 중소기업인의 푸념을 들은 적이 있다.

그는 각국의 정·재계 인사들과 유력 언론을 초청해 우리나라에 외자를 끌어들이는 회의 자리에 참관인 자격으로 참석했다. 당시 우리 경제는 IMF 관리 아래 있었고, 그것은 매우 중요한 회의였다.

그런데 막상 회의장에 들어가보니 10여 명도 와 있지 않더라는 것이다. 이유인즉, 한국의 대표단이 외국인 투자자들을 끌어들일 생각은 않고 한바탕 소동을 벌였다고 했다. 소동의 내용을 들여다보면 더욱 기가 막혔다.

"정부 대표가 상석에 앉아야 마땅합니다."

"무슨 말씀이세요? 투자 유치 관련 포럼이 아닙니까?"

"그럼 명색이 정부 대표인데 뒷좌석에 앉아야 한단 말입니까?"

"도대체 여기에 뭐 하러 오신 겁니까?"

그러니까 소동의 내용은 '정부 대표와 경제계 대표가 어느 쪽 자리에 앉느냐'에 대한 것이었다. 소동은 거기에서 그치지 않았단다. '인사말을 한 명이 하느냐, 두 명이 하느냐'로 또 한바탕 옥신각신했다고 한다.

실제로 이런 일들은 드물지 않다. 해외에 투자 유치를 하러 간 기업인들이 우리 정부 고위관료의 얼굴마담 역할을 하는 경우도 많다.

선진국의 경우는 우리와 다르다. 그들은 회의를 해도 미리 계획을 세워 목표로 한 것들을 반드시 얻어내는 데에 집중한다. 러시아 모스크바 시만 해도 그랬다. 우리를 초청해서 일주일간 이것저것 물어보는데, 거의 청문회 수준이었다.

그들은 목표의식이 항상 뚜렷하다. 그만큼 정부나 공공기관이 기업과 국민들을 지원해주는 역할을 한다는 것을 보여주고 있다.

이제 우리나라도 정부나 관료가 기업에게 도움을 줄 수 있어야 한다. 서울의 전자정부 시스템을 베트남, 러시아, 몽골에 수출한 사례에서도 알 수 있듯 행정도 마케팅의 대상이 될 수 있는 것이다.

서울시 전자정부 시스템은 지금도 세계 여러 나라 시 정부의 벤치마킹 대상이 되고 있다. 물론 그렇게 되기까지에는 많은 어려움이 있었다.

시장에 부임하던 당시만 해도 서울시의 전산실은 30여 개나 되었다. 또한 각 국마다 과별로 2~3개의 홈페이지가 있어서 서울시 홈페이지만 모두 92개에 달했다. 이렇게 해서는 시민들에게 혼란만 가중시킬 뿐이었다.

"2주 동안 시간을 드릴 테니 무엇을 시급히 개선해야 할지 살펴보고 보고해주시기 바랍니다."

나는 대학교수 출신인 정보화단장에게 지시를 내렸다. 2주가 지나자 정보화단장이 보고를 했다.

"각 시스템을 통합하고 연계시키는 게 가장 시급한 것 같습니다. 그런데 전체를 다 통합하려면 시간이 걸리니까 일단 가능한 부분부터 시작하는 게 좋을 것 같습니다."

"한꺼번에 하면 하고 말면 마는 거지, 뭘 일부만 하고 그럽니까? 처음부터 전체를 다 통합하도록 하세요."

내가 그렇게 강하게 말한 데는 이유가 있었다. 보고를 받아보니 시스템을 통합하는 데에도 부서 간 알력이 만만치 않았던 것이다.

나는 각 실장과 국장, 경영기획실장이 소속된 정보시스템 통합추진위원회를 별도로 구성하도록 지시했다. 그곳에서 직접 전산 시스템의 통합과 연계를 논의해 정보화단장에게 힘을 실어주었다.

그렇게 해서 시스템 통합과 연계 작업이 시작되었다. 2003년 봄에 시작한 시스템 통합 및 연계 작업은 6월 말에 마무리되었다. 그제야 비로소 전자정부의 기틀이 잡혔다. 시스템을 통합, 연계한 것은 크게 두 가지 면에서 이점이 있었다.

먼저 운영비가 크게 줄어들었다. 이전에는 전산실만 30여 개로 중복되는 일도 많았다. 그리고 효율이 높아져 빠른 의사결정을 도울 수 있었다. 예를 들어 시스템이 여러 개로 분산되어 있을 때에는 인사 발령 하나만 내더라도 각 팀별로 데이터를 입력해야 했다. 하지만 통합 시스템을 만들자 한꺼번에 수정 입력이 가능해 업무 효율이 훨씬 높아졌다.

그러나 누구보다 편리함을 느낀 것은 시민들이었다. 예전 같으면 증명서 하나 발급받으려 해도 홈페이지를 찾는 데에만 상당한 시간이 걸렸다. 각 과마다 홈페이지가 뜨니까 도대체 어디에서 해야 하는지 헷갈리는 게 당연했다. 그러나 시스템을 통합한 뒤에는 원클릭 민원서비스가 가능해졌다.

상하수도, 전기, 통신, 가스, 난방 등의 지하 매설관도 현재는 온라인으로 파악할 수 있다. 옛날 같으면 직접 파봐야 어디에 무슨 관이 묻혀 있는지 알 수 있었다. 하지만 지금은 6개 주요 지하 매설관 지도가 있다. 서울시가 각 회사들의 매설 지도를 통합 데이터베이스로 만들었기 때문이다.

서울시 전자정부 시스템은 유엔과 미국 행정학회가 후원하는 세계 100대 도시 전자정부 평가에서 2003년, 2004년 2회 연속 1등을 했다. 유엔과 미국행정학회 후원으로 럿커스 대학교에서 자체 평가한 것이어서 서울시도 미처 몰랐던 일이었다. 하지만 이런 좋은 평가들이 서울시의 전자정부 시스템을 세계에 알리는 데 크게 기여했다.

돈 되는 행정, 돈 버는 행정

서울시의 교통 시스템을 수출한 것은 행정에도 한류 바람을 몰고 온 일이라는 과찬을 받았다. 버스 개편 초기에 어려움을 겪었던 것을 생각하면 정말 뿌듯한 일이었다.

2004년 7월은 한 달 내내 여론의 십자포화에 시달렸다. 버스 개편 시행 초기의 혼란을 수습하기 위해 매일 도시 전체를 전쟁터로 삼았지만 도무지 비난은 수그러들지 않았다.

"버스 시스템을 원래대로 돌려놔라!"

"이명박 시장은 퇴진하라!"

그런 구호들이 난무할 때, 생각지도 않은 곳에서 지원 세력이 나타났다. 국내가 아닌 해외에서였다. 해외 도시들이 서울시의 버스 시스템 개편에 대해 일제히 관심을 나타낸 것이다.

먼저 베트남 다오 딩빙 건설교통부장관 일행이 서울을 방문했다. 이들은 서울 방문 기간에 버스사령실(BMS)을 둘러보면서 놀라움을 표시했다. 베트남의 다오 딩빙 건설교통부장관은 주차 정책을 망라한 교통 정책 전반의 기술적 지원과 정보 자료를 요청하고 돌아갔다.

대한민국 최초로 교통 정책, 즉 행정의 노하우를 해외로 수출한 사례가 되었다. 또한 서울시가 교통 정책에서 옳은 길을 가고 있다는 자신감을 회복한 계기가 되었다.

2008년 올림픽을 개최하는 중국의 베이징에서도 대규모 조사단을 파견했고, 홍콩 교통국도 서울시 버스 사령실 등에 대한 정보를 얻기 위해 방문했다.

영국 하원 교통위원회 소속 의원 6명도 서울시의 교통 정책을 한 수 배우기 위해 다녀갔다. 이들은 2012년 런던 올림픽 유치 신청을 앞두고 런던의 교통 문제를 해결하는 데 도움을 얻고자 온 것이었다.

터키의 이스탄불 시도 가까운 유럽 여러 도시들을 제쳐두고 서울시의 교통 정책을 벤치마킹하고 있다. 특히 이스탄불 시장은 나와 30분 동안 환담을 나누다가 서울시 교통 시스템에 대한 이야기를 듣더니 서울을 2박3일 동안 전격 방문하기도 했다.

이 밖에 일본, 인도네시아, 필리핀 등 많은 나라에서 서울시의 새 교통 시스템을 벤치마킹하겠다고 접촉해왔다. 해외 언론의 취재 열기도 뜨거워 독일의 《알게마이네차이퉁》 기자를 비롯하여 인도, 중국, 필리핀, 인도네시아, 대만 등의 기자단도 다녀갔다.

2004년 10월 호주에서 열린 세계대중교통협회(UIPT) 주최 세미나에서도 우리의 버스 시스템 개편 성과가 주요 주제였다. 또 미국과 중국을 비롯한 세계 각국의 대학과 연구 단체들로부터 관련 자료 요청도 쇄도했다. 그러자 국내 언론들도 관심을 가지기 시작했다.

"이거 알고 보니 굉장한 거였구나."

시민들 사이에도 이런 말이 돌았다고 했다.

당시 버스 체계 개편에 참여했던 한 시정연구원은 지금도 일주일에 평균 두 차례씩 외국 손님의 방문을 받는다. 대부분 서울시의 선진적인 버스 체계 시스템을 벤치마킹하러 온 해외 교통전문가들이다. 그들은 교통 정책과 IT기술을 결합시킨 서울의 독특한 시스템에 찬사를 아끼지 않는다고 한다.

"버스 개편으로 인해 제가 세계적인 교통 정책 전문가가 되었습니다. 5000년 역사 동안 행정 부문에 있던 사람이 이렇듯 어깨에 힘을 주고 다닌 적은 아마 지금이 처음일 겁니다."

그 연구원이 너스레를 떨면서 했다는 말이다.

서울시의 교통 시스템은 이제 '한류'를 넘어 세계 일류 상품으로 자리매김했다. 서울의 대중교통 체계 개편 노하우가 해외로 수출되면 국내 기업들의 기술과 장비 수출이 뒤따르게 마련이다.

이처럼 서울시가 행정 시스템을 수출한 것은 기존 관료 조직의 이미지를 뒤흔드는 일이었다. 공무원이란 뭐 하는 집단인가? 국민이 낸 세금을 쓰기만 할 줄 아는 조직이라는 것이 보통의 인식이었다. 그러나 서울시가 행정 시스템을 다른 나라에 수출한 것을 계기로 그런 선입견은 사라졌다.

　미래학자들은 미래 세계에서 최고의 부가가치를 창출하는 산업으로 지식과 정보, 문화 관련 산업을 꼽는다. 이제는 상품을 기획하고 만들어서 파는 것 못지않게 지식과 정보를 상품화하는 것에도 힘을 쏟아야 한다. 그런 면에서 행정 서비스는 충분히 멋지고 매력 있는 상품이다.

5

균형 발전

· · ·

남북이 함께 가자

내가 뉴타운을 추진한 이유

"뉴타운 개발은 전형적인 선심성 공약이라 생각합니다. 만약 뉴타운이 시행된다면 계획적인 난개발이 우려되고, 부동산 가격을 다시 들쑤셔놓을 우려도 있습니다."

뉴타운 개발에 반대하는 어떤 전문가의 의견이었다. 이런 의견은 뉴타운 개발에 대한 정보 부족과 잘못된 인식에서 비롯된 것들이다.

"뉴타운을 난개발로 우려하는 건 한마디로 기우에 불과합니다. 뉴타운 개발은 살던 사람들을 떠나게 하는 사업이 아닙니다. 그냥 거기서 유리한 조건, 좋은 환경에서 살게 만드는 사업입니다."

사실이 그렇다. 뉴타운 사업은 원주민들이 새로운 뉴타운에 입주하고, 세입자들도 임대 아파트에 거주할 수 있도록 보장하고 있다.

내가 뉴타운 개발에 관심을 쏟는 것은 젊은 시절 달동네를 전전한 경험과도 무관하지 않다. 고등학교를 졸업하고 서울로 상경한 이후, 내가 지냈던 곳은 공덕동과 효창동 일대의 쪽방촌이었다.

서울에 올라왔는데 집이 좁아 나와 여동생은 도저히 잠을 잘 수가 없었다. 그래서 나는 홀로 숟가락 하나만 들고 집을 나왔다. 그때 내가 간 곳이 바로 공덕동과 효창동 일대의 달동네 단칸방이었다.

그곳은 하루에 얼마씩 돈을 내고 여러 명이 잠을 잘 수 있는 그런 집이었다. 그런데 그렇게 사람이 많은데도 집에 화장실이 딱 하나뿐이었다. 그러다보니 공용 화장실에 가는 게 복권 당첨만큼이나 어려웠다.

사람들은 급한 김에 아무데서나 볼일을 보았고, 그 때문에 걷다보면 여기저기가 똥밭이었다. 냄새도 나고 불결했지만 그때는 여기라도 있을 수 있는 것을 다행으로 여겼다. 그리고 돈이 없을수록 좀 더 위층으로 올라가야 했다. 결국 제일 꼭대기 층에 있기가 일쑤였다. 위층은 화장실도 멀고 방도 비좁아 방값이 더욱 쌌다.

내가 그 생활을 청산한 것은 정확히 1964년이었다. 둘째 형이 동대문 달동네에 있는 국민임대주택을 계약해서 들어간 것이다. 그곳은 내가 걸식하던 곳에 비하면 궁궐이었지만 그래도 달동네이긴 마찬가지였다.

그곳을 다시 찾은 것은 2002년 시장 선거운동이 한창일 무렵이었다. 지역 주민들을 만나기 위해 방문했는데, 나는 깜짝 놀랐다. 어찌된 일인지 그 동네는 1964년 무렵과 별로 달라진 게 없어 보였다. 화장실의 위치가 바뀌고 도로가 포장되고 새로운 건물들이 들어서

긴 했지만 여건은 여전했던 것이다.

'어떻게 이럴 수가 있나? 강북 사람들이 그동안 느꼈던 좌절감이 바로 이런 것이구나.'

내가 뉴타운 개발의 명분을 확신한 게 바로 그때였다.

시장 취임 뒤, 나는 원래 살던 논현동 집에서 시장 공관으로 살림을 옮겼다. 논현동 집은 현대건설에 재직하던 시절, 고 정주영 회장이 외국 기업의 사장단이 오면 접견하는 데 사용하라며 지어준 집이었다.

강북을 개발해야 한다고 말하면서 강남에 살 수는 없었다. 몸만 옮겨가는 것이기는 했지만 그래도 직접 살아봐야 그곳 사정을 느낄 수 있을 터였다.

공관으로 살림을 옮기고 얼마 지나지 않아 모 언론사 기자가 인터뷰를 하러 왔다.

"강북 사람들의 좌절감을 알고 계십니까?"

언론사 기자가 던진 첫 번째 질문이었다. 그때가 바로 서울 은평구, 성북구 길음, 성동구 왕십리 등 강북 3개 뉴타운 계획을 발표한 직후였다.

사실 강북이 개발되지 않은 데에는 이유가 있었다. 강북의 달동네는 국유지나 시유지가 많아 지역 사람들 스스로 재개발을 해야 했다. 그런데 형편이 어려운 그들에게는 무리였다. 강북에 살던 사람들이 재개발하려면 평균 13년, 빨라도 7년이 걸린다는 말이 있었다. 하지만 7년이 지나도 가능성은 보이지 않으니, 사람들은 정든 곳을 버리고 떠나는 것이다.

이렇게 낙후된 지역은 시 정부가 직접 나서서 개발하지 않으면 언제까지고 그대로일 수밖에 없었다. 뉴타운을 지정해야 하는 이유가 바로 거기에 있는 것이다.

사실 그동안의 재개발 사업은 낙후된 지역 일부에 새 아파트가 들어서게 하는 것이었다. 하지만 결과적으로 원주민들이 발을 붙이지 못하고 또 다른 달동네로 전전해야 하는 악순환을 낳았다.

또한 기존의 도시 재개발 사업들은 주택 개발업자들에 의해 중소 구역 단위로 재개발이 추진돼 난개발이 될 수밖에 없었다. 민간업자들은 도로나 학교, 공원, 문화 시설 등 인프라를 구축하지 못했다.

단독주택을 가지고 있는 강북 시민의 경우를 예로 들어보자.

강북 시민 갑돌 씨는 살던 집이 낡고 불편해서 헐어버리고 새집을 짓는다. 그런데 이왕 짓는 김에 연립으로 아예 층을 높여 짓기로 한다. 새로 지은 집에 다른 두 가구가 들어와 이제 가구 수는 셋으로 늘었다.

갑돌 씨는 뿌듯했지만 이상하게 집값은 오르지 않았다. 그도 그럴 것이 사람들은 많아졌는데, 길은 여전히 골목길이어서 주차 공간만 비좁아진 것이다. 게다가 갑돌 씨뿐만 아니라 순돌 씨도, 순희 씨도 모두 저마다 집들을 높이 지어 세를 받아먹고 산다. 사람들이 늘어나지만 도로 공간은 한정돼 아침이면 큰길은 아예 주차장으로 변한다. 도로나 학교는 그대로인데, 갑돌 씨처럼 여기저기에서 집만 높인 결과다.

강북은 이러한 악순환이 반복돼 점점 더 낙후될 수밖에 없었던 것이다.

　뉴타운 개발은 이런 난개발의 악순환에 종지부를 찍는 사업이다. 하나의 큰 구역을 정해서 그곳을 균형발전 촉진지구로 지정하고, 서울시가 선투자해서 도로를 먼저 놓고 녹지대를 만들고, 문화 시설과 학교도 지어주는 형식이다.

　강북 뉴타운은 또한 지역 리노베이션 사업이다. 일산이나 분당 등 신도시를 건설하듯이 모든 것을 일시에 신축하는 것이 아니다. 기성 시가지의 부족한 기반 시설을 보강하고, 불량한 주거지를 신주거지로 바꾸어가는 사업인 것이다.

　개발이 완전히 끝났을 때의 모습을 정부가 주민과 함께 그려놓은 뒤, 그에 따른 기반 시설은 공공부문이 떠맡고 아파트나 상업 시설 등은 민간부문이 스스로 개발 정비하는 사업이다. 20년 동안 도시 기반 시설 없이 난개발로 이루어진 강북 지역에 새로운 도시 개발 개념이 도입되는 것이다.

　마지막으로 뉴타운 건설은 비판과는 달리, 강남에 대한 집중 수요를 억제 흡수하는 사업이기도 하다. 신시가지 건설만으로는 한계가 있는 그 문제를 뉴타운 건설이 보완할 것이다.

　"정부가 추진하는 판교, 화성, 김포, 파주 등 4개 신도시 건설로는 약 14만 가구의 주택을 보급할 수 있습니다. 하지만 뉴타운 사업으로는 86만 가구의 보급이 가능합니다."

　시정연구원의 연구 자료에 의한 통계이다.

　무엇보다 신도시 건설은 교통 체증 등 각종 도시 문제를 야기하는 단점이 있다. 하지만 뉴타운 건설은 신도시 건설보다 주택 공급 측면에서 유리하고, 기존 기반 시설을 활용하는 경제적인 사업이다. 어찌 보면 뉴타운 사업이야말로 주택 시장 문제의 가장 현실적인 대안인 것이다.

강북 뉴타운 개발은 서울시가 주도했지만 주민들이 참여하여 함께 결정한 정책 사업이었다. 그 과정에서 각 지역별 특성에 맞는 개발 계획들을 수립했다. 무엇보다 지역 원주민이 뉴타운 개발의 최대 수혜자가 되어 강남북 사이의 괴리감을 없애도록 했다.

이제는 맞춤형 개발 시대

아무리 좋은 정책이라도 모두를 만족시킬 수는 없다. 그래서 대부분의 정책은 발표될 때마다 찬성과 반대로 의견이 엇갈린다. 공공정책은 다수의 사람들을 만족시키는 방향으로 가야 한다. 그리고 만족하지 못하는 소수의 사람들은 설득을 통해 품어야 한다.

이때 가장 필요한 것이 바로 명분이다. 그리고 개인이나 집단의 특성에 따라 'Case by Case' 기준으로 해결책을 강구하는 게 좋다. 다양한 환경, 다양한 입장일수록 'Case by Case' 접근은 큰 효력을 발휘한다.

뉴타운 개발도 지역이 선정되자, 환영과 비판의 목소리가 엇갈렸다. 강북 뉴타운 개발 계획은 원래 민선 3기 시장에 취임하면서 제시한 12개 공약 가운데 하나였다. 나는 시장 취임식 뒤에 곧바로 '지역균형발전추진단'을 출범시켰고, 이것이 곧 '뉴타운사업본부'로 이름을 변경했다.

뉴타운 사업은 2002년 10월 은평, 왕십리, 길음 등 3개 지역이 시범적으로 선정되었다. 다음 해 11월에는 교남, 한남, 전농, 미아, 신정 등 모두 12개 지역이 2차 뉴타운 지역으로 선정되었다. 이들 15개소 이외에도 추가 10개 지역을 신청받아 2012년에 완료되는 뉴타운 지역은 총 25개 지역에 이를 것으로 보인다.

뉴타운 개발을 발표하자, 가장 많은 지지를 보내준 사람들은 역시 지역 주민들이었다. 서울시가 자체적으로 실시한 여론 조사에 따르면 시민들의 70% 이상이 지지를 보내고 있었고, 85% 정도가 뉴타운 개발을 시 전역으로 확대하는 데 찬성하고 있었다.

그러나 시민들의 공감대를 이끌어내는 과정은 결코 녹록하지 않았다. 왕십리 뉴타운의 경우 주민들의 극심한 반대 속에서도 9개월 동안, 전문가 회의 40여 회, 주민 간담회 20여 회, 공개 주민 설명회 5회 등을 개최했다. 지속적인 설득 과정이 있었던 것이다. 이렇듯 주민 참여형 개발이라는 선례를 만들었다는 것도 뉴타운 개발의 주목할 만한 점이다.

각 지역별로 특성에 맞게 'Case by Case'로 문제를 해결했다는 점 역시 주목할 만하다. 지역마다 환경과 입장이 제각각 다른 만큼, 지역별 특성을 반영해 '신시가지형', '도심형', '주거 중심형'의 3가지 유형으로 나누어 개발하도록 했다. 또한 그 지역에 사는 원주민들의 요구를 최대한 반영하도록 했다.

'신시가지형' 인 은평 뉴타운의 경우에는 도시개발구역 지정 전에 개발제한구역을 해제함으로써 지역 주민들이 토지보상가격을 산정할 때 불이익이 없도록 했다. 또한 개발 이후에도 현지 주민들이 그 지역에 새롭게 정착할 수 있도록 다양한 이주 대책을 마련하고 있다.

일례로, 기존 개발 사업과 달리 현재 거주하고 있는 주민들을 위해 이주 단지를 별도로 조성하였다. 주택 분양가를 저렴하게 책정하는 것은 물론, 입주금이 부족한 사람에 한해서는 장기 저리 주택자금 융자를 알선해 큰 부담 없이 주민들이 입주할 수 있도록 했다.

또 현지 주민들이 개발 후에도 현재의 생업을 유지할 수 있게 도왔다. 장사하던 주민은 장사를, 화훼업을 하던 주민은 화훼업을 할 수 있게끔 돕는 한편, 지역 주민들이 각종 세금을 감면받을 수 있도록 했다.

'주거 중심형' 인 길음 뉴타운은 기존의 커뮤니티를 유지하기 위해 주거와 저층의 상가가 복합된 연도형 상가를 조성하도록 했다. 공공시설의 경우도 각 생활권별로 균등 배치하는 것은 물론 복합하고 개방하여 실제적인 주민 커뮤니티 시설로 활용되도록 했다.

'도심형' 으로 개발되는 왕십리 뉴타운은 조선 시대부터 자연발생적으로 형성된 길과 인접한 저층 고밀의 다세대, 다가구와 노후 불량 주거지를 정비했다. 그리고 주거와 상업, 업무 기능이 활성화될 수 있도록 계획했다. 특히 넉넉한 기반 시설을 갖추고 청계천과 조화를 이루는, 친환경적 커뮤니티가 될 수 있도록 힘썼다.

6

시너지

·
·
·

이웃과 함께하라

시민, 기업과 함께한다

"행복한 만큼 처음처럼!"

"우람한 북한산, 맑은 청계천, 도도한 한강이 어우러진 수도 서울의 발전이 영원하길!"

"아무개 아무개 아무개야, 서로 우애하면서 성실히 살아가다오!"

위의 글들은 청계천 황학교와 비우당교 사이 양쪽 하천 벽에 들어선 '소망의 벽' 타일에 씌어 있는 글귀들이다.

'소망의 벽'에는 서울시민 2만여 명의 소원들이 아기자기한 그림들과 함께 친근감 있는 글씨체로 아로새겨져 있다. 국내 거주 외국인과 해외동포들의 소원도 이따금 발견돼 더욱 흥미를 끈다.

'소망의 벽'은 참여하고 싶은 시민 2만여 명이 2만 원을 내고, 직접 그려낸 소망 그림을 섭씨 1300도에서 구운 도자기타일 벽화로 붙여 넣은 것이다. 소망의 벽 구간은 가로 50m, 높이 2m로 전체 구간에 비하면 아주 짧은 길이에 불과하다. 그러나 이제는 청계천 관광의 필수 볼거리로 자리매김했다.

'소망의 벽'은 서울시가 단순히 예산 절감을 위해 조성한 사업이 아니었다. 거기에는 청계천 복원이라는 역사적인 사업에 시민들이 직접 참여한다는 소중한 뜻이 숨겨져 있다. 다행히 시민들의 호응도 열광적이었다.

"시민들이 공공부문에서 제시한 사업에 이처럼 열렬히 자발적으로 참여한 예도 흔치 않을 겁니다."

어느 시청 간부는 내게 그렇게 회고하기도 했다.

청계천 복원에 대한 시민들의 참여는 여기에서 그치지 않았다. 수많은 시민이 문화 성금을 내고 1구좌 5000원짜리 문화 벽돌을 구입하는 방법으로 사업에 참여했다. 시민들의 참여는 청계천 복원의 의미를 더욱 깊게 했다.

청계천 복원 사업에는 시민들뿐 아니라 기업체의 협찬도 줄을 이었다. 청계천의 고가도로가 없어짐으로써 일대 건물들은 이전과 비교할 수 없을 정도의 시야를 확보하게 되었다.

청계천을 다녀가는 관광객들의 눈에 기업들의 선명한 로고가 들어오는 것은 영향력 있는 노출 광고였다. 이런 점을 잘 아는 기업들이 각종 기부와 협찬에 흔쾌히 응하면서 청계천 복원에 참여했다.

청계천에 놓인 22개 다리 중 삼일교는 우리은행이 소요 비용 전액을 선뜻 기부해서 만들어진 것이다. 신한은행은 청계천 시점부에 위치한 모전교의 아치 보완 공사 대금을 댔다. GS건설은 오간수교 주변에 세워진 '문화의 벽' 조성 비용을 기부했다. 그리고 조흥은행은 〈정조대왕 능행 반차도〉 벽화를 맡아주었다.

〈정조대왕 능행 반차도〉는 광교와 삼일교 사이에 있는 장통교를 중심으로 좌안 옹벽에 설치된 길이 186m, 높이 2.4m의 세계 최대 규모 도자 벽화이다. 조선 제22대 정조대왕이 1795년 윤 2월에 사도세자의 회갑을 기념하기 위해 모친 혜경궁 홍씨를 모시고 화성(수원)을 다녀와서 그 의전 행렬을 상세하게 기록한 것이다.

당시 행차의 격식과 복식, 의상, 악대 구성 등을 살필 수 있는 귀중한 역사적 가치를 지니고 있는 것으로, 4960매의 도자판을 하나하나 연결해 완성하였다.

기업들이 청계천 복원에 참여한 것은 경제적인 효과를 넘어서는 의의가 있다. 일단, 역사 복원에 능동적으로 참여했다는 것. 더불어 공공부문과 함께 시너지 효과를 창출했다는 새로운 가능성을 보여준 것이다.

서울광장 역시 적극적으로 기업 협찬을 활용했다.

광장이 생김으로 해서 가장 큰 수혜를 입은 곳은 프라자호텔이었다. 서울광장의 푸른 잔디 위에서 남쪽을 바라보면 프라자호텔의 화려한 자태가 정면으로 들어온다. 이전에 차도가 있었을 때는 생각지도 못한 광고 효과다.

프라자호텔로서는 앞마당을 하나 가진 것이나 다름없게 되었다.

서울의 상징이며, 하루에도 몇천, 몇만 명의 시민들이 다녀가는 서울광장이기에 광고 효과는 대단했다. 아닌 게 아니라 광장이 내려다보이는 방은 가격도 올랐다는 얘기를 들었다. 프라자호텔 측은 스스로 기부체납 의사를 밝혔고 결국 20억 원 정도를 들여 분수대를 설치해주었다.

광장 조성을 계기로 시청 벽면에 새로 설치된 대형 원형시계 '바라'도 기부 형태로 시민의 시계가 된 경우다. '바라'는 주한 스위스 대사의 주선 아래 서울상공회의소와 스와치그룹코리아(주)가 함께 기증한 것이다.

나도 노출 효과가 많은 곳에는 서울시 광고를 하라고 지시했다. 예전에는 상상할 수 없던 일이었다.

"시정에 기업 마인드를 도입한다는 건 앉아서 돈만 벌라는 뜻이 아닙니다. 홍보할 것은 충분히 홍보하고, 알릴 것은 알려서 시민들과의 커뮤니케이션을 더욱 원활하게 하고, 시민들에게 가깝게 다가가는 것을 말합니다."

어느 회의 자리에서 내가 강조했던 말이다. 그 후, 공무원들도 광고하는 데 적극적인 자세를 보였다.

서울시 입장에서 도시 브랜드 광고에 최적인 곳은 바로 버스 겉면 광고판이었다. 버스 겉면 광고는 말 그대로 움직이는 서울시 홍보대사다. 서울시는 버스 개편 초기부터 이 홍보대사를 적극 활용했다.

처음 도입된 공익광고는 '서울 사랑' 캠페인이었다. 서울 사랑 이미지는 서울시민의 도시 생활에 활력을 불어넣어 서울을 사랑하는 애향심과 자긍심을 높이기 위해 개발한 것이었다. 붉은색 하트 모양은 서울시민들의 뜨거운 애정을, 초록 잎 모양은 한마음으로 이룬 서울 사랑이 푸른 서울로 결실을 맺는다는 희망의 메시지를 담고 있었다.

'서울 사랑' 이외에도 '서울 사랑, 버스 사랑', '서울 사랑, 에너지 사랑', '서울 사랑, 지하철 사랑' 캠페인 등 범위를 넓히며 지속적으로 공익광고를 내보내고 있다.

서울을 지나다니는 버스는 대략 8000대에 이른다. 움직이는 8000대의 버스가 내보내는 서울 사랑 캠페인은 그 어떤 방송이나 신문 광고보다 훨씬 높은 광고 효과를 보일 것이다.

윈-윈을 위한 외자 유치

'백지장도 맞들면 낫다'는 속담이 있다. 이것은 공공부문과 민간부문 사이의 협력과 상생에도 해당되는 말이다.

공공부문과 민간부문이 협력을 하면 민간부문끼리, 혹은 공공부문끼리의 협력에서는 얻지 못하는 시너지 효과를 기대할 수 있다. 이런 시너지 효과를 위해서는 민간부문 못지않게 공공부문에서도 적극성을 보여야만 한다.

세계화 시대에는 오히려 외국 자본 유치에 더욱 적극적으로 나서야만 한다. 그런 면에서 서울시가 AIG그룹의 투자를 유치해 여의도에 서울국제금융센터(SIFC)를 설립하게 한 것은 아주 뜻 깊은 일이다.

지난 6월 5일 기공식을 한 서울국제금융센터는 1만여 평 부지에 54층짜리 오피스타워 등 오피스 건물 3개 동과 호텔 1개 동 등 최첨단 건물 4개로 구성될 예정이다. 이곳에 국제적 금융기업이나 컨설팅 회사 등 금융 관련 서비스 회사들과 다국적기업의 아시아 지역본부를 유치하면 서울시는 명실상부한 동북아 금융 허브로서의 위상을 갖추게 될 것이다.

그동안 외국 자본의 투자 유치에 대해서는 너도나도 목소리를 높여왔다. 그럼에도 공공부문이 직접 나서서 투자를 유치했던 사례는 손에 꼽을 만큼 드물다. 그런 의미에서 단일 지방자치단체인 서울시가 AIG로부터 14억 달러 상당의 직접 투자를 유치한 것은 보기 드문 쾌거이다.

AIG그룹은 보험 그룹으로서는 시티그룹에 이어 세계 2위에 해당하는 거대 기업이다. 이런 기업으로부터 투자를 이끌어낼 수 있었던 원동력은 서울시 공무원들의 적극적인 기업 마인드에 있었다.

나는 시장에 부임하면서 서울시를 국제 금융 허브로 육성하겠다는 포부를 밝힌 바 있다. 나 혼자만 외친 것이 아니라 정부나 이전 서울시 정부도 밝힌 바 있는 일종의 단골 공약이었다. 그럼에도 가시적으로 나오는 성과는 드물었던 게 사실이다.

'어떻게 하면 금융 도시로 만드는 데 일조할 수 있을까?'

입으로 외치는 구호로 끝나서는 안 된다고, 가시적인 성과를 위해 많은 고민을 했지만 뾰족한 수가 보이지 않았다. 어찌 보면 당연했다. 이런 목표는 오랜 기간 꾸준하게 추진해야 하는 과제였다.

여의도에 있는 서울시 부지의 매각이 결정되었다는 소식을 들은 것도 그런 고민을 하던 차였다. 여의도에 있는 서울시 부지는 한동안 중소기업전시장이 들어서 있다가 최근에 주차장으로 사용하던 곳이었다.

과거에는 중소기업 제품의 전시회를 여는 등 생산적인 용도로 사용되었다. 그런데 시대가 변하면서 중소기업전시장이 제 역할을 다하지 못함에 따라 중소기업중앙회에서도 사용을 중단한 상태였다.

서울시에서도 땅을 놀릴 수만은 없어 외부에 매각하기로 잠정적으로 결론을 내렸다.

"여의도라면 우리나라 금융의 중심지인데, 이런 땅이라면 외국 자본을 끌어들이는 데 활용해볼 수도 있지 않겠습니까?"

나는 담당 국장에게 의중을 건네보았다. 담당 국장은 기업체에 있었다면 더욱 능력을 발휘할 수 있을 것 같은, 사업 마인드가 있는 인물이었다. 그는 예상대로 한번 해보겠다며 적극적인 태도를 보였다. 회계, 법률, 컨설팅 등 각 분야의 필요한 전문가로 팀을 구성하여 곧 시행에 들어갔다.

자본 유치에 관한 한 시청 공무원들은 문외한이나 마찬가지였다. 그런데도 외부 컨설팅 기관에 위임하지 않고 시청이 주도적으로 진행했다. 이는 공무원들이 기업 자본 유치 경험을 축적할 수 있는 좋은 기회였다.

"시장님, 일본을 한번 다녀오겠습니다."

얼마 뒤, 국장은 일본에 있는 론 앤더슨, AIG그룹의 수석부사장을 직접 만나 의향을 타진해보겠다고 했다. 하필 그때 일본은 사스 공포에 휩싸여 있었다. 그런 상황에도 일본을 방문한 국장의 노력은 주효했다. 론 앤더슨 국장이 서울시의 적극적인 자세에 감화를 받았는지 긍정적인 의사를 내비친 것이다.

AIG그룹의 조사단이 서울을 방문해 협상을 준비할 무렵이었다. 마침 AIG그룹의 그린버그 회장이 서울을 방문해서 만날 기회가 있었다. 나는 그 자리에서 서울 여의도 땅의 중요성에 대해 역설하고 긍정적인 검토를 부탁했다.

"여의도는 한국의 금융 일번지입니다. AIG그룹이 여의도에 투자해서 금융 센터를 설립한다면 서울시나 AIG그룹 모두에게 이익이 될 것입니다."

"저희 조사단이 여의도 부지의 가능성을 알고 협상을 준비 중인 걸로 알고 있습니다. 곧 좋은 소식이 있을 겁니다."

그린버그 회장의 대답을 듣자 가능성이 확신으로 굳어지는 느낌이었다. 이제 남은 문제는 협상을 최대한 우리 쪽으로 유리하게 진행하는 것이었다.

AIG그룹은 컨소시엄을 구성해 서울국제금융센터의 건설과 운영을 맡기로 했다. 부지를 완전 매각할 것이냐, 아니면 임대할 것이냐의 문제부터 협상해야 할 과제들은 첩첩산중이었다. 그래서인지 협상 팀이 왠지 서두르는 느낌을 받았다. 나는 담당 국장을 불러서 서두르다가 실익을 놓쳐서는 안 된다는 점을 당부했다.

"외국의 투자를 유치하는 걸 보면 거의 공짜로 내주다시피 하는 경우가 많아요. 절대 그럴 필요 없습니다. 우리에게 어떤 것이 이득이 되는지 잘 판단해서 협상을 진행하세요."

협상 팀도 나름대로 많은 대비를 하고 있었다. 모두가 그 방면에는 전문가들이라 AIG와의 협상에서도 밀고 당기는 협상을 노련하게 수행했다. 물론 1년여 가까운 시간의 실랑이가 결렬되지 않을 수 있었던 데에는 기본적인 신뢰가 양측 사이에 있었기 때문이었다.

밀고 당기는 협상을 벌인 지 1년여 만에 서울시와 AIG그룹은 최종 합의를 보았다. 서울시는 협상을 통해 부지를 100년간 AIG그룹에 임대하고 연간 80억 원 이상의 임대 수익과 옵션을 갖기로 했다. 또한 AIG그룹은 10년간 자기회수자본을 갖고 떠나지 못하며 나머지 10년간도 관리자와 지배인으로 남도록 했다.

서울시가 AIG그룹의 투자를 유치한 것은 몇 가지 점에서 특별한 의의를 갖는다. 단일 지방자치단체로서는 거의 유일하게 14억 달러 상당의 투자를 유치했다는 점과 매각이 아닌 임대 수익 등을 통해 협상 과정에서 실익을 챙겼다는 점, 그리고 공무원들 스스로의 힘으로 투자 유치를 이루어내어 자신감과 경험을 축적했다는 점 등이다.

글로벌 시대에는 민간부문과 공공부문의 경계가 차츰 무너지고 있다.

공무원이 국민의 세금만 가지고 일을 하는 시대도 지났다. 공공부문이 민간과 협력하면 국민의 세금을 절약하고 효과적으로 일을 추진할 수 있게 된다. 민선 3기 시 정부에 들어서서 기업 협찬과 기업 투자 유치 등 기업과의 연계 전략에 적극적이었던 것도 그런 이유에서다.

마찬가지로 외국 기업의 투자를 이끌어내는 일도 기업과 서울시 양쪽 모두에게 이익을 가져다주는 효과를 얻을 수 있기에 가능했다. AIG그룹의 투자 유치 성공에서 보듯 공무원들이 경영 마인드를 갖고 적극적으로 나선다면, 국내뿐 아니라 세계적인 기업과의 시너지 효과도 얼마든지 창출할 수 있다.

에필로그

인생에 레임덕은 없다

사람은 누구나 성공을 꿈꾼다. 성공의 기준이야 각자 다르지만 궁극적으로 실패하기 위해 사는 사람은 아무도 없다. 어떤 사람은 부유함을, 어떤 사람은 출세를, 어떤 사람은 권력이나 명예를, 또 어떤 사람은 예술적 성취를 성공의 기준으로 삼는다. 요컨대 사람들이 꿈꾸는 성공의 모양과 빛깔은 천차만별이다. 사회가 원활하게 돌아가는 것도 사람들이 원하는 성공의 기준이 저마다 다르기 때문일 것이다. 모두가 똑같은 성공만을 원한다면 사회는 치열한 전쟁터가 되어 있지 않을까.

그러나 성공을 꿈꾸는 모든 사람이 다 성공하는 것은 아니다. 그가 꿈꾸는 성공이 어떤 것이든 간에 그것을 이루는 사람은 많지 않다. 많은 사람이 꿈을 이루는 과정에서 실패의 쓴맛만을 본다. 오직 소수의 사람만이 자기 분야에서 성공이라는 열매의 달콤한 환희를 맛본다. 성공이 매력적인 이유가 여기에 있다. 성공은 소수의 전유물이기에 더욱 매력적인 것이다.

그렇다면 어떤 사람은 자신의 꿈을 이루는 데 반해 어떤 사람은 왜 실패하는 것일까? 성공과 실패를 좌우하는 요인은 무엇일까?

여러 가지 요인 가운데 빼놓을 수 없는 것이 바로 열정의 유무이다. 열정이야말로 성공하기 위한 가장 중요한 요소이다.

열정이란 자신이 이루고자 하는 목표에 모든 것을 쏟아 붓고 집중하는 정신이다. 그가 누구이고 무엇을 하건 간에 자기가 하는 분야에서 모든 것을 다 바치는 정신이야말로 최고의 성과를 낼 수 있는 원동력이다.

열정을 가진 사람에게 좌절이란 어울리지 않는다. 인간은 시련을 먹고 자라고 실패를 거울삼아 성장하는 존재이다. 열정을 갖지 못한 사람은 실패 후에도 미련이라는 씁쓸한 열매만을 얻는다. 반면 열정을 갖고 도전했던 사람은 미련 없이 새로운 도전에 나설 수가 있다. 열정이야말로 실패를 자양분으로 삼아 새로운 도전에 나서게 하는 용기의 원천인 것이다.

시장 임기가 끝나가는 시점에 이런저런 질문들을 많이 받았다. 대부분 시장 임기가 끝난 뒤의 진로에 대한 것들이었다. 그때마다 내 대답은 대부분 두루뭉술했다. 아직 시장으로서의 임기가 남아 있고, 단 며칠이라도 임기가 남아 있는 한 최선을 다하겠다는 게 대체적인 내 대답이었다.

나는 레임덕이란 말을 무척 싫어한다. 아니, 그 말은 존재해선 안 되는 말이라고 생각한다. 열정을 가진 사람에게 레임덕이란 있을 수가 없다. 시장으로서의 내 임무 또한 마찬가지였다.

시장 업무가 아직 끝나지도 않은 시점에서 내가 이후의 진로에 관심을 기울인다면, 그건 나를 뽑아준 서울시민들에 대한 도리도, 함께 일을 해나가는 공무원들에 대한 예의도 아닌 것이다.

열정을 가진 사람은 자기가 일하는 분야에서 마지막 순간까지 소명을 다하는 사람이다. 열정을 갖고 최선을 다하면 그 이후의 길은 저절로 열리기 마련이다. 이것은 대통령이든 시장이든 구청장이든 동장이든 기업인이든 예술인이든 장사꾼이든 간에 모두에게 해당되는 말이다.

인생의 주인이 되고 싶다면, 열정을 갖고 도전해야 한다. 그리고 열정을 가진 사람에게 레임덕이 끼어들 여지란 없다.

펼치면 보이는 새로운 세상 　www.randombooks.co.kr

책속의 작은 책방

백만불짜리 열정

이채욱 지음 | 272쪽 | 10,000원
뜨거웠던 첫 마음을 기억하라!
평범한 샐러리맨에서 글로벌 기업의 CEO가 되기까지,
'성공의 멘토' GE코리아 이채욱 회장이 들려주는 현명한 성공의 조건!
SERI(삼성경제연구소) 추천도서!
MBS(경영자독서모임) 추천도서!

상상하는 베짱이가 승리한다

이태희 지음 | 304쪽 | 12,000원
강자의 전략으로는 강자를 이길 수 없다.
강자의 뒤통수를 때린 한국 강소 기업 25곳의 성공 비결 – 니즈 메이커 전략
승리하고 싶다면 강자의 시장, 강자의 전략을 버려라.
기존 수요 이면에 감추어진 '소비자의 욕망'을 새로운 수요로 창조해 내는
강력한 공급자, 상상하는 베짱이가 되라.

우체부 프레드

마크 샌번 지음 | 168쪽 | 9,000원
일과 삶에 대한 마음가짐을 완전히 뒤바꾼 책!
쳇바퀴 같은 일상을 견디는 것 자체가 힘들어지는 순간, 그 돌파구를 어떻게 찾
을 수 있을까? 저자는 우체부 프레드를 통해 삶과 일의 핵심 원리를 말한다. 일
보다 사람을 먼저 배려하라, 돈으로 승부하겠다는 생각을 버려라, 어제는 어제
일 뿐 오늘은 새로운 날이다. 프레드처럼 삶을 풍요롭고 특별하게 만들어 보자!

자기설득 파워

백지연 지음 | 273쪽 | 9,800원
'성공하려면 먼저 자신을 설득하라'
타인을 설득하고 세상을 변화시키기 위해서는 먼저 내 안의 나를 설득해야 하
며, 이를 위해서는 스스로 열정과 목표를 불어넣을 수 있는 자기 경영 능력이 필
요하다. 이를 실현시켜주는 기술로 그녀가 제안하는 것이 바로 '자기설득기제
(Self Persuasion Mechanism)'다.

돈 잘버는 사람은 머리를 어떻게 쓸까?

오마에 겐이치 지음 | 곽은숙 옮김 | 302쪽 | 12,000원
일이 술술 잘 풀리는 심플한 두뇌 회전법!
머리쓰는 방법을 바꾸면 온세상이 내편이 된다.
이 책에서 제시하는 7가지 사고회로로 끊임없이 생각하는 방법을 연마하여 세
상을 당신의 편으로 만들어라!

불황을 뚫는 7가지 생존 전략

한정화 지음 | 256쪽 | 12,500원
왜 어떤 사업은 성공하고, 어떤 사업은 실패하는 것일까?
성공과 실패를 판가름 짓는 것은 과연 무엇일까?
수많은 가능성을 뒤로 한 채 사라져간 기업과 경영자들의 실패담을 교훈삼아,
사업의 성공을 위해 절대로 빠지면 안될 7개의 함정을 짚어준다!

인간관계에서 진실한 마음을 얻는 법

양창순 지음 | 238쪽 | 10,000원
"인간의 기본 심리, 나르시시즘을 알면 인간관계의 열쇠가 풀린다."
'대인관계 클리닉' 을 통해 많은 이들에게 심리 코칭을 하고 있는 양창순 박사가
사람들이 안고 있는 다양한 심리적 문제들의 해법을 정리했다. 저자는 그 답을
인간의 기본 심리, 나르시시즘에서 찾아냈다. 나르시시즘을 이해하면 내 마음이
편안해지는 법, 상대방의 마음을 이해하고 움직일 수 있는 방법을 알 수 있다!

따뜻한 카리스마

이종선 지음 | 308쪽 | 12,000원
싸우지 않고 이기는 힘!
성공하는 사람들에겐 '따뜻한 카리스마'가 있다. 따뜻한 카리스마의 10가지 요소는 바로 자기표현력, 공감능력, 신뢰, 설득력, 겸손, 거절의 기술, 자기극복, 유머, 인연 그리고 비전. 우리는 이 책을 통해서 사람의 마음을 사로잡는 10가지 핵심 비법을 배울 수 있다.

겸손의 리더십

김경복 지음 | 224쪽 | 10,000원
몸을 낮추어 마음을 얻는 법!
진정한 리더의 역할은 다른 사람을 변화시키는 것이 아니라 다른 사람의 변화를 돕는 것. 현명한 리더에게 가장 필요한 덕목, 리더가 어떤 경우에도 명심해야 할 첫 번째 화두인 '겸손'을 동양 사상과 경영 지혜로 풀어낸 책!

누구에게나 세 번의 기회는 있다

간다 마사노리 지음 | 이선희 옮김 | 296쪽 | 12,000원
갑자기 닥친 위기를 내 인생 최고의 터닝 포인트로 바꾸는 법!
월풀 재팬의 CEO를 거쳐 돈벌이의 천재로, 하늘이 내린 백만장자로, 다시 최고의 경영 컨설턴트로 성공 가도를 달려온 비결. 출간 즉시 아마존 재팬 베스트셀러 1위에 오른 화제의 책!

멈추지 않는 도전

박지성 지음 | 236쪽 | 9,000원
한국인 최초 프리미어 리거의 자전 에세이.
또래보다 작은 키에 축구선수로는 치명적인 평발 핸디캡까지 안고 있던 박지성. 국내 프로구단에서 입단을 거절당하기도 했던 그는 세계 최고 명문구단인 영국의 맨체스터 유나이티드 소속 최초의 한국인 선수가 되었다. 그가 들려주는 무명선수에서 명문 프리미어 리거가 되기까지의 기록을 담았다.

이노베이터

김영세 지음 | 236쪽 | 12,000원

21세기 인간 중심의 디지털 시대가 요구하는 인간형, '이노베이터'
아이디어와 호기심, 꿈만으로 세상과 대적하고 자기 생각을 실현하는 일로 승부
를 거는 사람. 끊임없이 새로운 가치를 창조해내는 혁신가. 창의력이 중심이 되
는 지금 시대에 꼭 필요한 사람은 바로 이런 역량을 갖춘 사람이다. 이 시대의 대
표적인 이노베이터, 김영세가 제안하는 39가지 사고방식에 귀기울여보자!

변화 본능

주디스 실즈 지음 | 홍대운 옮김 | 256쪽 | 10,000원

내 인생을 스스로 만들어가는 힘, 내안에 잠든 변화의 본능을 깨워라!
우리 안에 잠재된 '변화 본능'을 끌어내어 변화의 장애물인 '현실 안주의 심리'
를 뛰어넘고 인생의 다음 단계로 현명하게 움직이는 법을 제시한다. 변화의 행
동 전략과 노하우들을 7가지 단계별로 상세하게 보여주면서 '지금', '당장',
'내가' 변화의 주인공이 될 수 있도록 돕는다.

S.P.A.C.E. 호감의 법칙

칼 알브레히트 지음 | 이종선 감수 | 문은실 옮김 | 296쪽 | 12,000원

머리(IQ)로 승부하는 시대는 지났다.
감성(EQ)에 호소하는 데에도 한계가 있다.
성공을 결정하는 열쇠는 바로 당신이 가진 호감도(SQ)!

부자들의 개인 도서관

이상건 지음 | 311쪽 | 12,000원

열심히 살아도 돈으로부터 자유롭지 못한 이들을 위한 책
이 책에서는 황금 동굴에 이르는 길은 주식이나 복권, 부동산이 아니라 '지식'이
라고 주장한다. 자극적이고 일회적인 재테크서의 주장보다 역사상 위대한 투자
가의 말에 귀기울이는 게 현명하다. 돈버는 원리에 대한 기본 지침서!